논·술·한·국·대·표·문·학

57

심청전·춘향전

작가미상

훈민출판사

돌다리. 딸을 마중 나간 심
봉사는 개울에 빠져 허우적
대다가 몽운사 화주승을 만
나게 된다.

The Best Korean Literature

심청은 아버지의 눈을 뜨게 하려고, 남경 선인들의 제물로 팔려 간다.

연꽃. 인당수에 빠진 심청은 연꽃 속에 몸
을 싣고 인간 세상으로 돌아온다.

그네뛰기. 이 도령은 광한루 언덕 위에서 그네를 뛰는 춘향의 아름다운 자태에 반하고 만다.

〈춘향전〉의 배경이 된 남원의 광한루. 이 곳에서 춘향과 이 도령이 만나 서로 사랑하게 된다.

〈춘향전〉의 내용 일부

광한루와 오작교의 설경. 춘향과 이 도령의 이야기가 남아 있어 그 경치가 더욱 아름답다.

〈판소리도〉. 평양 감사가 부임한 축하 잔치에서 소리꾼이 소리를 하고 있다.

The Best Korean Literature

기와집. 〈옹고집전〉의 옹고집은 고래등 같은 기와집에 살면서도 인색하고 성질이 괴팍하였으며, 불효자였다.

판소리계 소설인 〈심청전〉의 내용 일부

구인환(丘仁煥)

서울대학교 사범대학 졸업. 동 대학원 졸업(문학박사)
서울대학교 명예교수, 소설가(현). 서울대학교 사범대학 국어교육연구소 소장(현)
문학과문학교육연구소 소장(현). 국제펜 한국본부 부회장(현)
한국소설문학상(1987) 예술문화대상(1994) 한국문학상(2000)
작품 〈숨쉬는 영정〉, 〈살아 있는 날들〉, 〈일어서는 산〉 외 다수

• 저서 ≪한국단편소설의 이해≫, ≪한국현대소설의 비평적 성찰≫,
 ≪고교생이 알아야 할 소설≫, ≪고교생이 알아야 할 세계단편소설≫ 외 다수

윤병로(尹柄魯)

성균관대학교 국어국문학과 졸업. 동 대학원 졸업(문학박사)
성균관대학교 교수, 문학평론가(현). 한국현대소설학회장(현)
한국문예학술저작권협회 이사(현). 한국간행물윤리위원회 위원(현)
한국펜 문학상(1987). 한국문학상(1988). 대한민국문학상(1989)
수필집 ≪나의 작은 애인들≫

• 저서 ≪현대 작가론≫, ≪한국 현대 소설의 탐구≫,
 ≪한국 근대 작가 작품 연구≫, ≪한국 현대작가의 문제작 평설≫ 외 다수

홍성암(洪性岩)

고려대학교 국어국문학과 졸업. 한양대학교 대학원 국어국문학과 졸업(문학박사)
동덕여자대학교 교수, 소설가(현). 한국문인협회 회원(현)
한국소설가협회 이사(현). 국제펜 한국본부 소설분과 이사(현). 한민족 문화학회 회장(현)
창작집 ≪큰 물로 가는 큰 고기≫, ≪어떤 귀향≫ 외
대하역사소설 ≪남한산성≫(전9권) 외 다수

• 저서 ≪문학의 이해≫, ≪현대 작가론≫, ≪한국 근대 역사소설 연구≫ 외 다수

기획 • 감수

〈춘향전〉의 내용 일부

논술 한국대표문학을 펴내며

21세기의 사회는 '전자 문명 시대'라 일컬어질 만큼 오늘날 전자 산업은 우리 생활의 거의 모든 분야에 다양하게 응용되고 있습니다. 출판 분야 또한 예외는 아니어서, 종래의 서책(Book) 대신에 이른바 '전자책(CD-ROM)'의 출간이 최근 들어 날로 증가하고 있습니다.

그러나 이러한 전자책은 영상 또는 모니터상으로 흥미 위주나 백과사전식 지식을 습득하는 데는 효과적일지 모르지만, 문학 공부를 위해서는 별로 도움이 되지 않습니다. 바꾸어 말하면, 문학 공부는 각 지면마다 살아 숨쉬는 표현 하나하나를 독자 자신의 머리로 음미하면서 작품을 읽어 나가는 가운데, 풍부한 상상력의 배양과 함께 작가의 의도와 그 작품의 내면을 깊이 있게 이해함으로써 이루어지는 것입니다.

이에 훈민출판사에서는, 자라나는 학생들이 범람하는 영상 매체에 길들여지기 전에, 어려서부터 유명한 세계문학 작품들을 책자를 통하여 감명 깊게 읽고 감상함으로써, 올바른 문학 공부의 기틀을 다지고, 아울러 전인 교육도 할 수 있도록 《논술 한국대표문학(전60권)》을 펴내게 되었습니다.

작품 선정은, 초·중·고등학교 국어 교과서와 역사 교과서에 실리거나 소개된 문학 작품을 중심으로 하되, 그리스 신화와 성경 이야기 등의 고전에서부터 중세·근대·현대에 이르기까지 세르반테스·셰익스피어·톨스토이 등 세계 유명 작가들의 장·단편 소설들을 엄선·수록하였습니다. 또 세계의 명시도 별권으로 엮었으며, 특히 각 단락마다 '논술 문제'를 제시하여, 장차 대학입시를 비롯한 각종 '논술 고사'에 예비 지식을 쌓을 수 있도록 배려하였습니다. 아무쪼록, 이 《논술 한국대표문학(전60권)》이 자라나는 학생들에게 문학 공부의 주춧돌이 되고, 나아가 미래를 살아가는 데 정신적 자양분이 되기를 진심으로 바라 마지않습니다.

훈민출판사

차례

심청전

작가 미상

심 청 전

송나라 말년에 황주 도화동에 성은 심이요, 이름은 학규라는 사람이 살았다.

심학규는 이 고장에서 손꼽히던 양반의 집안에서 태어났다. 그의 집 안은 대대로 높은 벼슬을 한 명문으로, 선대 할아버지들의 명망은 대단 하였다. 그러나 차츰 가문이 기울며 자손이 귀하여지더니, 심학규 대에 이르러서는 가까운 일가 하나 없는 외로운 신세가 되었다. 그런데다 심 학규는 눈까지 멀어, 이 세상에 오직 혼자 남게 되었다.

그러나 그는 본래 양반의 후예로서 행실이 바르며 정직하며 마음이 곧았다. 그리고 행동이 조금도 경솔하지 않았기 때문에, 그 동네의 모든 눈뜬 사람들은 그를 하찮은 장님으로 가볍게 대하지 않고 칭찬을 아끼 지 않았다.

이렇게 심학규가 사람들에게 대접을 받을 수 있었던 것은, 심학규 자 신보다 오히려 그의 아내 곽씨의 영향이 더 컸는지도 모른다. 부지런하 고 현명한 곽씨 부인의 소문은 먼 마을까지 퍼져 칭찬이 자자하였다.

그녀는 잠시도 쉬지 않고 좋은 일 궂은 일 가리지 않고 일을 하였다. 농사철에는 농사일은 물론 바느질, 빨래, 떡치기, 술빚기 등 일거리가 생기는 대로 품을 팔러 다녔다.

그녀는 일 년 삼백육십 일을 잠시도 쉬지 않고 품을 팔아 재산을 모았다. 푼을 모아 돈이 되면 냥을 만들고, 냥을 모아 관이 되면 조상님 제사 모시는 데 조금도 소홀함이 없이 살림을 꾸려 나가면서 장님 남편을 받들었다. 이러니 부지런하고 마음씨 고운 곽씨 부인의 소문이 먼 마을까지 번져 나가지 않을 리 없었다.

그러나 이렇게 평화스럽게 지내는 부부에게도 남모르는 근심이 있었다. 심학규는 그 생각을 할 때마다 가슴이 답답해졌다.

'나이 사십이 넘도록 뒤 이을 혈육 한 점 없으니, 이것은 전생에 무슨 죄가 있어 그럴까? 죄가 있다면 어떻게 속죄하는 길은 없을까? 전생에 죄가 있다고 해도 남 억울하게 한 일이 없고, 거기다 미물 짐승 하나 살생을 했나…… 남 한 번 흘겨본 일도 없는데 대체 무슨 탈이 붙었단 말인가?'

이런 생각을 자주 하던 심학규는 자기도 모르게 한숨을 쉬는 날이 많았다. 어느 날 그는 아내를 불러 옆에 앉히고 자신의 답답한 심회를 털어놓고 말았다.

"여보 마누라, 당신 볼 낮이 없구려."

"왜 또 그런 말씀을 하세요?"

곽씨 부인은 말을 막으려고 하였다.

"아니, 그런 얘기가 아니라 좀 들어 봐요. 세상의 많은 부부들이 모두 다 우리 내외처럼 평화롭게 살지는 못하지 않소? 이목구비가 멀쩡한 사람들도 불화가 잦고, 치고받는 일이 많지 않소? 마누라는 무슨 인연으로 앞 못 보는 나와 짝이 되어 있는 고생 없는 고생 다 겪는지, 나야 고맙지만 고생하는 당신 생각을 하면 마음이 아프구려."

심학규는 여기서 말을 더 잇지 못하고 한숨을 쉬었다. 곽씨 부인은 심상치 않은 그의 표정을 지켜보고만 있었다.

"그런데 말이오, 사는 건 너무 애를 태운다고 되는 게 아니니 사는 대로 살아야지 별수 있소? 우리 나이 이제 사십을 넘었으되 혈육 한 점이 없으니 조상님께 면목이 없구려. 제삿날이 돼도 밥 한 그릇, 물 한 모금 떠 놓을 사람이 없을 테니 말이오. 전생에 무슨 죄가 그렇게 컸는지 모르겠구려…… 명산대천에 찾아가 정성이나 들여 봤으면……."

여기까지 말한 심학규는 또 한 번 긴 한숨을 내쉬었다.

옆에서 가만히 듣고 있던 곽씨 부인은 아까부터 앞치마로 연신 눈물을 씻고 있었다. 측은한 봉사 남편의 한 마디 한 마디가 모두 자기의 뼈를 깎고 살을 저미는 것 같았기 때문이었다. 남의 가문에 들어와 대를 이어 주지 못하는 것이 죄 중에서도 큰 죄라고 들어 왔기에, 모든 일이 자신의 죄와 부덕 때문이라고 혼자서 고민해 오던 터였다.

"옛 말씀에 이르기를 불효 중에 뒤를 잇지 못하는 것이 제일 큰 불효라 하였으니, 자식 두고 싶은 마음 뉘 없겠습니까? 그런데 먼저 말씀하시니 무슨 일을 못 하오리까? 지성껏 하오리다."

이렇게 말하면서 흑흑 느끼기 시작하였다.

"여보, 당신 우는 게 아니오? 내가 공연한 소릴 했군."

"아니에요, 당신 말씀대로 정성을 들이겠어요. 사는 데 바빠 미처 생각을 못 했어요. 용서하세요."

곽씨 부인의 지극한 말에 심학규는 어찌할 바를 몰랐다.

"내가 주책없이 허튼소리를 했구려. 내가 한 얘기로 너무 상심하지 마시오."

"그런 말씀 마세요. 세상에 자식 두고 싶은 마음이야 누군들 없겠어요?"

부부는 이렇게 서로를 위로하였다.

그 날부터 곽씨 부인은 더 부지런히 품을 팔아 돈을 모았다. 그리고 명산대천을 찾아가 온갖 정성을 들이기 시작하였다. 멀리 석왕사 석불

보살을 찾아가 불공을 드리기도 하였고, 아침 저녁으로 사당에 가서 지성으로 빌었다.

이듬해 사월 초파일에도 몸을 단정히 하고 고개 너머 절에 가서 불공을 드리고 돌아왔다. 그날 새벽 일찍이 잠에서 깬 곽씨 부인은 간밤의 황홀한 꿈을 그리며 심학규를 깨웠다.

"나도 벌써 잠에서 깼는데, 참 이상한 일도 다 있지. 정말 이상한 꿈도 다 있어."

심학규는 일어나 앉으며 고개를 갸우뚱거렸다.

"무슨 꿈이었어요? 저도 이상한 꿈을 꾸었는걸요."

"당신은 무슨 꿈인데?"

"먼저 말씀해 보세요."

"당신 꿈 얘기부터 들어 봅시다."

"황홀한 꿈이었어요. 갑자기 천지가 환해지더니 하늘에 오색구름이 펼쳐지지 않겠어요? 그러더니 선인 옥녀가 머리에는 화관을 쓰고 치마를 펄럭이며, 달 모양으로 된 패를 차고 계수나무 가지를 들고 학을 타고 내려왔어요. 그런데 선녀가 바로 제 앞에 내려오더니 절을 하는 것이 아니겠어요. 곁으로 다가오는 모습이 마치 월궁 항아가 달 속으로 걸어 들어오는 듯했고, 남해 관음이 바닷속으로 돌아온 듯했어요. 너무도 황홀하여 마음을 진정하지 못하고 있을 때에 선녀가 고운 자태로 조용히 물었어요."

아직도 황홀한 꿈속의 장면에 취한 듯 부인이 여기까지 이야기를 하자, 심학규가 말을 막았다.

"내게 와서도 분명히 절을 했어. 옥같이 고운 옷을 입은 선녀였어. 어쩌면 내 꿈하고 그리 같을까!"

"정말이세요? 그래서 어떡하셨어요?"

"먼저 말을 꺼낸 당신이 끝까지 얘기를 해 봐요."

"그 선녀는 자기가 서왕모의 딸이라고 말하면서, 천상에서 놀러 나왔다가 늦게 돌아간 죄로 상제께서 '인간 세상으로 내려가라'고 하셨다는 거예요. 그래서 어디로 가야 할지 몰라 방황하고 있던 참에, 부처님의 지시로 이곳에 찾아왔으니 잘 보살펴 달라면서 품에 안기지 않겠어요? 너무 눈이 부셔 잠을 깨고 말았어요."

"나하고 똑같군그래. 분명히 태몽인가 보오. 우리의 지극한 정성을 부처님이 보시고 아들을 점지해 주시려나 보지."

"글쎄요, 그리 되면 오죽이나 좋겠어요?"

과연 그 날부터 태기가 보였다. 부처님의 힘이든 하늘의 도움이든, 곽씨 부인의 정성이 지극하였으므로 하늘이 감동한 것이었다.

곽씨 부인은 태교에 특별히 힘써서 매사에 주의함이 극진하였다.

한 발로 서지도 않았고, 가장자리나 반듯하게 자리가 깔리지 않은 곳에는 앉지도 않았다. 깨끗하지 않은 음식은 먹지 않았고, 음란한 소리는 듣지 않았으며, 사악한 것은 보지 않았다.

그렇게 깨끗한 마음과 행동으로 열 달을 무사히 보낸 곽씨 부인이 하루는 해산의 기미를 보였다. 그 날은 그렇게 매섭게 불던 바람도 멎었다. 곽씨 부인은 갑자기 온몸이 으스스해졌다.

지팡이를 또드락거리며 변소에 다녀오던 심 봉사는 공연히 두리번거리며 혼자 중얼거렸다.

"눈님이 오시려나…… 날이 흐린 것 같군. 암, 눈이 많이 쌓여야지. 보리 풍년이 들게 수북이 쌓여야지."

장님이었으나 오랜 습성에 의해 그는 감촉만으로도 날씨를 짐작할 수 있었다. 집집마다 굴뚝에서 연기가 피어오르고 있었지만, 심 봉사는 그것까지야 알 수 없었다. 그러나 부엌에서 아무 소리도 들리지 않으니 이상하게 여겨졌다. 지팡이를 앞세운 심 봉사가 부엌문을 두드려 보니 닫힌 채로 있었다.

"임자, 아직도 자는가?"

이렇게 중얼거리던 심 봉사는 안방 문 앞에 이르러 우뚝 멈춰 서고 말았다.

"아이구, 아이구 배야!"

방 안에서 앓는 소리가 들려 왔다.

"오, 그래 어디가 아프오?"

방문을 열고 들어서면서 물었으나, 아무런 대답도 없이 앓는 소리만 계속되었다.

"왜 갑자기 배가 아플까? 어디, 어느 쪽이 아파서 그래?"

심 봉사는 더듬거리며 부인 옆으로 다가갔다.

"허, 체했나 보군. 어디 손 좀 내놔 봐요. 그렇군 그래, 맥을 짚어 보니 급체로군 그래. 추운데 찬밥덩이를 먹었으니 잘 내려갈 리가 있나? 거 참, 모두가 가난이 원수지 원수야. 그럼 좀 기다리고 있어요. 내 건넛마을 침쟁이를 데려오리다. 사관 한 대면 내려갈 테니…… 아니, 사관쯤은 거북이 아비도 놓을 수 있다지. 그걸 몰랐군. 내 그럼 빨리 가서 데려오겠소."

심 봉사는 이렇게 말하면서 자리에서 일어섰다.

"그만두세요. 아이고 배야."

"그만두다니, 사관 한 대면 내려갈걸. 배가 답답하지 않소?"

"그게 아니에요. 윗집 부인이나 좀 불러 주세요. 해산 기미가 있나 봐요. 부엌에 불도 좀 때 주시고, 나무는 뒤꼍 처마 밑에 쌓아 놓은 장작을 쓰세요. 넘어지지 않도록 조심하세요."

곽씨 부인은 진통이 좀 멎자, 이렇게 일일이 일러 주었다.

심 봉사의 걱정스럽던 낯빛은 금방 가시고 만면에 미소가 어렸다. 기뻠에 어쩔 줄 몰라 춤이라도 출 것 같은 얼굴이었다.

"그렇군 그래. 바로 이번 달인걸…… 그걸 잊다니, 이 달이 산달언 걸 잊고 있었다니…… 됐어 됐어, 그럼 조금만 기다려요. 내 얼른 가서 윗집 부인을 불러 오리다."

그러면서 허둥지둥 밖으로 나온다는 게 그만 윗방으로 가는 샛문을 열었다. 샛문 소리에 놀라,

"아니, 내가 왜 이래? 샛문으로 나가다니……."

하며 다시 앞문으로 돌아나왔다.

그리고는 지팡이가 없어 또 한참을 더듬거렸다. 배 아프다는 소리에 놀라 세워 놓지 않고 팽개친 지팡이는 마당 저 멀리에 가 떨어져 있었다. 겨우 지팡이를 찾아든 심 봉사는 다시 방문 앞에 이르러,

"곧 낳는 건 아니지? 조금만 기다려요. 내 얼른 가서 데려올게."

하고 말하였다.

불안해진 심 봉사는 버선발로 사립문을 나섰다. 또르락거리는 지팡이 소리가 어지럽게 들렸다.

"애기 어머니! 애기 어머니!"

그는 급한 마음에 울타리 모퉁이를 돌아가면서부터 큰 소리로 윗집 부인을 부르기 시작했다. 사립문 앞에 이르자 더 큰 소리로 애기 어머니를 불렀다.

"대체 무슨 일이세요?"

"저, 애기가, 애기가 지금 나온대요!"

"네? 그럼 곧 갈 테니 방에 불이나 따뜻하게 때 놓으세요."

심 봉사는 이렇게 이웃집을 찾아가서 해산 구원을 청해 놓고, 짚 한 단을 들여다 놓은 뒤 깨끗한 정한수를 소반 위에 받쳐 놓았다. 자리에 앉지 못하고 이리저리 왔다갔다 하다가 급한 마음에 그 자리에 주저앉

았다. 그는 무사히 아기가 태어나기를 기도하고 있었다. 잠시 후 아름다운 향기가 진동하며 구름이 가득 차더니, 주위가 혼미해진 가운데 선녀 같은 딸이 태어났다.

이웃집 부인이 아기를 받아 탯줄을 끊고 밖으로 나가니, 곽씨 부인이 정신을 차리며 남편에게 물었다.

"서방님, 아기를 낳기는 낳았으나 아들이 아니어서……."

들릴 듯 말 듯 가느다랗게, 말을 잇지 못하는 곽씨 부인은 몹시 죄스러워 하였다.

"허허, 별소릴 다 하는구려. 그런 생각 아예 마오. 삵을 만져 보니 아들은 아닌가 보구려. 허지만 딸자식은 어디 자식 아니오? 다 삼신님이 점지해 주신 똑같은 자식인걸!"

"그래도 뒤늦게 얻은 자식이 계집애니……."

실망에 가득 찬 곽씨 부인의 말을 심 봉사는 얼른 가로막았다.

"여보 마누라, 그런 생각은 아예 하지 말래두 그래. 좀 섭섭한 생각이야 들겠지만 생각해 보구려. 아이가 없을 때에는 아이 갖기만 바랐지 아들 갖기를 바랐소? 아이를 낳게 되니까 아들 낳기를 바라는 거야 누구나 매일반이겠지만, 그것이 어디 마누라 죄요? 딸자식이나마 점지해 주신 게 얼마나 고맙소? 이제 그런 생각 마오. 아들보다야 섭섭하지만 아들도 잘못 두면 조상과 집안을 욕되게 할 수 있고, 딸자식이라도 잘만 두면 못된 아들과 바꾸겠소? 우리 이 딸 고이 길러 예절을 먼저 가르치고, 바느질과 길쌈도 잘 가르쳐 요조숙녀로 키운 후, 좋은 배필 가려서 인연을 맺게 합시다. 이 딸이 후손들을 잘 낳으면 외손 봉사는 못하겠소? 그러니 그런 말은 다시 마오."

심 봉사는 이웃집 부인에게 부탁하여, 첫 국밥을 얼른 지어서 삼신상에 올려놓았다. 그는 의관을 손으로 잘 더듬어 바르게 한 후, 두 무릎을 공손히 꿇고 삼신께 두 손 모아 빌었다.

"삼십삼천 도솔천 이십팔수 신불제왕, 영험하신 신령님네, 화의 동심하옵소서. 사십 넘어 점지한 딸 십 삭 고이 거둬 순산을 시키시니, 삼신님의 넓으신 덕 백골난망 잊으리까. 다만 무남독녀 딸이라도 오복을 점지하여 동방 삭의 명을 주고 석숭의 복을 내려 대순 증자의 효행, 반희의 재질 등 재주와 복을 고루 내리사, 참외 열리듯 가지 늘어나듯 잔병 없이 잘 자라게 하소서."

빌기를 마치고 더운 국밥 떠다 산모에게 먹이자, 심 봉사는 다시 감사하는 마음이 들었다. 비록 딸일망정 기쁘고 고마운 마음은 어디에도 비할 데가 없었다. 그는 눈으로 보진 못하지만 손으로 더듬거리며 아기를 얼렀다. 심 봉사는 갓난아기의 색색거리는 숨소리에 귀를 바싹 기울이다가, 조그만 고사리손을 쥐어 볼에다 문질러 보기도 하였다.

그런데 아기를 낳은 지 사흘이 지나도, 곽씨 부인은 제대로 정신을 차리지 못했다. 그대로 자리에 누운 채 일어나지를 못하고 있었다.

"여보 마누라, 정신을 차려야지. 여기 미음을 데워 왔으니 좀 들어 보구려. 곡기가 들어가야 기동을 할 수 있고 아기 젖도 나오지 않소? 자, 일어나서 좀 들어 보구려."

심 봉사는 머리맡에 앉아 부인의 머리를 짚어 보며, 침울한 얼굴로 또 권해 보았다. 그러나 눈을 간신히 뜨고 고개를 겨우 돌린 곽씨 부인은 큰 한숨을 내쉬었다.

"정신이 좀 드는가? 자아, 어서 일어나 이 미음을 좀 들어 보구려. 이 녀석이 또 보채는군. 아가, 어디 내 딸아."

심 봉사는 어린아이를 흔들어 달래면서, 부인에게 미음을 들기를 권하였다. 부인은 고개를 돌려 눈을 뜨고, 아기를 어르는 남편을 바라보았다. 아기를 직접 눈으로 보지도 못하면서 귀여워 어쩔 줄 모르는 그 모습에 고통도 가시는 것 같았다.

"시장하실 터인데 무얼 좀 잡수셔야지요. 벌써 한낮이 되었나 본데요."

곽씨 부인은 옆에 놓인 미음 그릇을 바라보며 간신히 말하였다.

"내야 성한 몸이니 한두 끼 안 먹은들 어떻겠소만, 마누라나 어서 일어 나 좀 들구려. 이렇게 사흘 동안이나 아무것도 먹질 못하니, 어떻게 하면 좋단 말이오? 입에 쌀알 하나 넣지 않고 꼬박 사흘이 지났소. 성한 사람 도 견디기 힘들 텐데, 아이를 낳은 사람이 어떡하자는 거요? 여보 마누 라."

심 봉사는 마누라를 부르며, 손으로 얼굴을 이리저리 더듬어 보다가 깜짝 놀랐다.

"어허, 얼굴이 퉁퉁 부어올랐는걸. 어제보다 더 부은 모양이오. 이런 답답한 일이 세상에 또 어디 있담? 그 약 한 첩만 먹으면 부기가 쭈욱 빠지고 당장 기운을 차리게 된다고 장담하더니만, 부기가 빠지기는커 녕 점점 더해 가니 약으로는 안 낫는 병인가? 삼신님께 탈이 났나? 제 석님께 탈이 났나? 어디 물어나 봐야겠소. 암만해도 어디 동티가 났기 에 이렇게 안 낫는 게지."

곽씨 부인의 귀에는 도무지 아무 말도 들리지가 않았다. 갑자기 열이 오르며 또 숨이 가빠졌다. 정신이 몽롱해지며 머리가 천장 위로 둥둥 떠오르는 것도 같았다.

"여보 마누라!"

심 봉사는 황급히 마누라를 불렀다.

"네."

곽씨 부인은 앓는 소리로 간신히 대답을 하였다.

"내 곧 무당을 데려올 테니 여기 미음이나 좀 들구려."

마음이 더욱 다급해진 심 봉사는 허둥지둥 밖으로 나왔다. 그는 지팡이를 앞세우고 윗마을 무당을 찾아갔다. 그날 밤 심 봉사의 집에서 굿이 열렸다. 무당은 밤새워 주문을 외며 집 안을 뛰어다녔다. 그러나 죽을 정도로 깊이 든 병이라, 모두들 사람의 힘으로는 구하지 못할 것 같다는 생각을 했다.

심 봉사는 기가 막혀 부인 곁에 다가앉으며,

"여보, 여보시오, 마누라. 정신 좀 차려 말을 해 보오. 식음을 전폐하니 기가 허해져서 이러는 거요? 삼신님께 탈이 났나, 하릴없이 죽게 되니 이것이 웬일이오? 만일 이렇게 죽게 되면 나는 어떻게 하란 말이오? 눈 어두운 이놈의 팔자, 일가 친척도 하나 없이 혈혈단신 이 내 몸이 올데갈데 없어지니, 그도 또한 원통한데 강보의 여식은 또 어찌하란 말이오? 자, 굿도 하고 경도 읽었으니 동티나 부정도 다 떨어졌을 거요. 이제 미음이나 좀 들어 보구려. 기운이 가라앉으면 나을 병도 안 낫지 않소? 이런, 미음이 식었군. 내 부엌에 나가 데워 오리다."

하였다.

미음 그릇을 들고 일어서려는 심 봉사를 곽씨 부인이 붙잡았다.

"여보, 잠깐 좀 앉아 보세요. 먹게 되면 차차 먹지요. 눈 어둔 분이 또 부엌엘 나가시다 어쩌려구요? 제 말씀이나 좀 들어 주세요."

다시 옆에 주저앉는 심 봉사의 손을 잡고, 곽씨 부인은 우선 후우 하고 숨을 몰아쉬었다. 그리고는 무슨 말을 하려다 숨이 가빠지니까 멈추고 말았다.

"말은 무슨 말을 하오? 먹지 못해서 기운도 못 차리는 사람이 말보다는 먹을 것을 먼저 생각해야지. 글쎄, 이렇게 먹지를 않으니 큰일이 나겠소."

"글쎄요? 일이 일어날 것만 같아요. 암만 생각해 봐도 이렇게 숨이 차고 정신이 오락가락하는 걸 보니 천명이 다했나 봐요."

"어 참, 내 괜한 소릴 했군. 큰일은 무슨 큰일이야. 그런 소리 아예 마오. 어서 일어날 생각이나 해야지."

심 봉사는 앓는 사람 앞에서 공연히 큰일나겠다는 말을 한 것이 마음에 걸려 당황하였다.

"아녜요. 당신 말씀이 어쨌다는 게 아녜요. 낸들 죽고 싶겠어요? 어서 일어나 아일 돌보고, 마을을 휠휠 쏘다니고 싶지만……."

"암, 그래야지, 그렇구말구. 자아, 좀 일어나 보구려."

심 봉사가 더듬거리며 손을 내밀자 곽씨 부인은 그 손을 얼른 잡고 어루만졌다. 눈물이 주르륵 흘러내렸다. 그녀는 또 답답하게 숨을 몰아쉬었다.

"암만해도…… 어젯밤 꿈이……."

곽씨 부인은 무슨 말을 하려다 목이 메어 왔다.

"또 왜 그러우?"

심 봉사는 부인의 잦아지는 한숨 소리에 더욱 불안해졌다.

"나이 이십에 실명하여 앞 못 보게 된 당신에게 가산마저 없어져 어려움이 겹쳤으나, 내 딴에는 마음을 차돌같이 단단히 먹고 밤이 새나 날이 저무나 내 몸 고된 건 잊고서……."

"아무렴, 이를 것 있겠소? 마누라같이 착한 사람이 이 세상 또 어디에 있겠소? 병신 된 나 하나 거두느라고 앞뒤 동네 빨래란 빨래는 모두 맡아서 하느라고 해 지는 줄도 모르고, 동네의 삯바느질을 도맡아 하느라 밤을 꼬박 새웠지 않소? 당신이 밥과 찬을 얻어 오면, 더운 밥 나 먹이고 찬밥은 당신이 먹으면서 어린애 돌보듯 나에게 쏟은 그 정성을 뉘 모르겠소? 겨울에는 두둑한 솜바지 저고리, 여름이면 시원한 북포 것으로 철따라 입혀 주고, 돈냥이나 생기거나 볏말이라도 생기면 착실한 데에 맡겨 장리로 키워 내며 허물어진 살림 이만큼이나 깔끔하게 차렸지 않소? 거기다가 하늘이 점지하셨는지, 마누라가 명산대천에서 공을 들인 보람인지, 딸자식이나마 우리 혈육이 저렇게 태어났소. 이제는 우리 둘이 오래오래 같이 살면서, 저것이 자라나 좋은 배필 만나 짝지은 원앙처럼 사는 걸 보며, 거기에 낙을 붙이고 재미나게 살 일만 남지 않았소?"

심 봉사는 지나온 일들을 생각하며 앞날의 꿈을 생각하니 가슴이 부풀어 오르기도 하였다. 그는 어느 귀한 사람을 장래의 사위로 그려 보고 있었는지도 몰랐다. 이 천진하리만큼 순박한 심 봉사의 모습을 물끄러미 바라보던 곽씨 부인은 또 주르륵 흐르는 눈물을 손등으로 닦아 내며 한숨을 내쉬었다.

"그렇지만…… 그런 고생 해 가면서 살아온 보람도 없이, 천명이 다했는지 인연이 끊겼는지, 이제 죽게 되었으니…… 내야 죽어서 만사를 다 잊고 간다지만 앞 못 보는 당신의 의복을 누가 거두며, 조석 진지는 누가 돌보겠소? 일가친척 하나 없는 혈혈단신, 의탁할 곳도 없으니 지팡이 하나 의지하고 더듬더듬 다니다가 구덩이에도 빠지고 돌에도 채어 넘어져 신세 한탄하면서 우는 모습, 눈으로 보는 듯해요. 배고픔에 못 이겨 이 집 저 집 다니면서 밥 한술 달라고 애걸하는 슬픈 목소리도 귀에 들리는 듯해요. 내가 땅 속에 묻힌들 어찌 그 소리를 듣겠소? 자기 한 몸, 앞도 가리지 못할 당신이…… 거기다가 저 어린것을 강보에 싸 가지고 너덜거리는 누더기 차림으로 동네 거지가 되어, 찬밥 한술 얻어먹기도 힘들 텐데 동냥젖까지 빌어야 하니, 그 때마다 얼마나 내가 아쉽겠소? 주야장천 기다리다 사십 넘어 겨우 낳은 자식, 젖 한 번도 못 먹여 보고 내가 죽다니…… 어미 없는 저 자식까지 두고 한 번 가면 다시 못 올 그 황천길을 눈물이 앞을 가려 어이 가겠소? 나 혼자 어이 갈꼬…… 흑흑흑."

곽씨 부인은 목이 메고 숨이 가빠졌다.

"여보 마누라, 또 헛소리를 하는구려. 마누라 말대로 눈 먼 내게 이 어린것을 맡겨 두고 어디를 간단 말이오? 황천길이 어디라고 거기를 간단 말이오? 아예 그런 말은 입 밖에 내지도 마오."

"아니에요, 천명을 어찌 어길 수 있겠어요? 제 말씀 좀 잘 들어 주세요. 저 건너 김 동지 댁에 돈 열 냥 맡겨 놨으니, 그 돈을 찾아다가 나 죽은 뒤 초상 치를 때에 용돈이나 쓰시고, 항아리에 넣어 둔 쌀은 아기 낳은 후에 먹으려고 둔 것인데 못 다 먹고 죽어 가니 두었다가 출상한 뒤 양식이나 하세요. 그리고 건넛마을 진 어사 댁에서 관대 한 벌 삯바늘질 맡은 것, 앞뒤 흉배에 학을 수놓다 못 마치고 보자기에 싸서 농 안에 넣어 두었어요. 남의 댁 귀한 의복이니 나 죽기 전에 보내 주시고, 뒷마을 귀덕 어미는 나와 친한 사람이니 내가 죽은 뒤에라도 어린아이 안고 가서 젖 좀 먹여 달라고 부탁하면 괄시하진 않을 거예요. 그래저래 천행으로 저 자식이 안 죽고 자라서 제 발로 걷게 되거든, 지팡이 잡혀 앞세우고 내 무덤에 찾아와 모녀 상면이나 시켜 주세요. 천명을 못 이기어 앞 못 보는 당신에게 어린 자식 맡겨 두고, 영영 못 올 황천길로 돌아가니 미안해요. 나 죽었다고 애통해하여 몸 상하게 하지 마시고, 옥체 보존하셔서 오래오래 사시다가 후생에 다시 만나 이승에서 다하지 못한 정을 저승에서나 풀어 보도록 해요."

곽씨 부인은 심 봉사의 손을 잡고 힘들게 울면서 말을 마쳤다. 아무래도 이것이 유언인 것 같았다. 한숨 한 번 쉬고 돌아누우며 곽씨 부인은 아기를 왈칵 끌어안았다.

그녀는 아기의 얼굴에 자기 얼굴을 비벼 대며,

"천지도 무심하시고 귀신도 야속하구나. 네가 진작 생기었거나 내가 조금 더 살거나 할 것이지, 이렇게 너를 낳자마자 내가 죽게 되었으니 이

터지는 슬픔을 황천길까지 안고 가는구나. 어미 자식 간에 이게 무슨 죄란 말이냐! 아가, 안 나오는 젖이긴 해도 내 젖 실컷 빨아 보고 어서 어서 잘 자라나거라."

이렇게 탄식을 하였다.

심 봉사가 약이라도 지어 오려고 자리에서 일어서려 하자, 곽씨 부인은 남편의 옷자락을 잡으며 만류하였다.

"나가지 마세요. 내 말 좀 잠깐 들으세요. 내가 한 가지 잊은 게 있어요. 이 애 이름일랑 청이라 불러 주시오. 그리고 이 애 자라는 대로 입힐 치마 저고리며, 수놓은 타래버선까지 이것저것 지어서 농 속에 넣어 두었어요. 엎치락뒤치락하거든 나 본 듯이 입혀 줘요. 그리고 농 한쪽에 기저귀도 마련해 쌓아 놓았으니……."

곽씨 부인은 이렇게 간신히 말을 잇고는 더욱 괴로운 듯 숨을 할딱거렸다.

"쓸데없는 소리만 자꾸 하는구려. 내 빨리 다녀올 터이니 조금만 참아 보오."

심 봉사는 부인이 잡은 손을 뿌리치고 부인을 바로 뉘어 준 뒤에 허둥지둥 일어섰다. 부인도 더 이상 붙잡지를 못하였다. 약 한 첩 제대로 못 썼다고 더 서러워할지도 모르기 때문이었다. 앞 못 보는 그가 그렇게 서둘러 대는 모습이 더욱 처량하고 서글펐다.

곽씨 부인은 고개를 옆으로 돌렸다. 눈에서는 눈물이 주르륵 흘러내렸다. 부인은 터져나오는 흐느낌을 이를 악물고 삼키면서, 횃대에서 웃옷을 내려 입고 갓을 쓰는 남편을 불렀다.

"여보!"

"왜 그래요? 가만히 누워 잠이나 푹 자도록 하오. 한숨 포근히 자고 나면 내가 약을 지어 올 텐데."

심 봉사는 갓을 찾아 쓰고 나섰다. 그 모습을 물끄러미 쳐다보던 곽씨 부인은 또 한 번 눈물이 솟구쳐 올랐다.

"여보!"

곽씨 부인의 목소리는 떨렸다.

"너무 서두르다가 넘어지시면 안 돼요. 조심해서 다녀오세요."

또 한 번 당부를 잊지 않았다.

"걱정 그만 하고 마음을 놓아요. 마음을 달래어 잠을 청해 봐요. 그 사이에 약을 지어 가지고 올 테니. 늘 다니던 길이니 내 걱정은 조금도 말아요."

심 봉사는 뒤도 돌아봐 주지를 않았다. 그것은 앞을 못 보는 그의 오랜 습성이었다. 문고리를 잡고 나서며 이렇게 말하는 남편을 보고 곽씨 부인은 또 한 번 망설였다. 불러 세울까 말까 하고 괴로워하였다.

또드락거리는 지팡이 소리가 마당을 지나 사립문 밖으로 사라졌을 때 곽씨 부인은 후회를 하였다. 왜 기어코 붙잡아 놓지 못했을까?

지팡이 소리가 멀리서 들려 왔다. 곽씨 부인은 억지로 몸을 일으켜 보려고 하였으나 몸이 말을 듣지 않았다.

"여보!"

하고 큰 소리로 부르고 싶었으나 그대로 눕고 말았다.

"아가야!"

곽씨 부인은 옆으로 돌아누우며 갓난아이를 힘껏 끌어안았다.

"아아! 복도 지지리 못 타고 났구나, 청아!"

곽씨 부인은 가슴이 메었다. 눈물이 자꾸만 흘러내렸다.

흐르는 눈물을 닦으며 아이의 얼굴을 자세히 바라보았다.

"이걸 두고 내가 가야 하다니……."

곽씨 부인은 청의 얼굴에 자기 얼굴을 마주 비볐다. 아이는 바르작거리며 어미의 앞가슴을 파고들었다.

"오냐, 실컷 먹어라. 마지막으로 먹이는 어미 젖이다. 옳지, 맘껏 먹어라. 아아! 전생에 무슨 죄가 그리 무거워 네게까지 이 짐을 지운단 말이냐? 지금 나를 따라가면 눈물 쏟는 고생은 면하련만…… 앞 못 보는 신세에다 논밭뙈기 하나 없고 돈 한 푼 없는 몸이 너를 끌고 고생할 모습, 그 모습이 어른거려 어이 눈을 감는단 말이냐? 유모 두고 하인 대어 호강스레 자랄 팔자야 못 되지만, 비바람 치는 아침 눈 쌓인 동지섣달 설한풍에, 누더기 입고 오들오들 떨며 너를 안고 이집 저집 구걸 다닐 모습…… 어떡하면 좋단 말이냐? 젖동냥에 밥동냥까지, 앞 못 보는 그 신세에 큰 짐이 되었으니……."

곽씨 부인은 이렇게 넋두리를 해 보다가 심한 기침을 몇 번 하고는 몸을 뒤틀었다. 아이를 좀 떨어진 곳에 눕히고, 자신은 옆으로 누워 그 모습을 바라보았다.

"이 양반은 왜 여태 돌아오지 않을까? 내 죽는 꼴을 안 보는 게 나을 것 같아 놔 뒀더니…… 그래도 붙잡아 둘 것을!"

곽씨 부인은 심 봉사가 나가는 것을 붙잡지 못한 것이 후회되었다. 곽씨 부인은 눈을 뜨지도 못한 채, 손을 까딱거리는 아이의 얼굴을 물끄러미 바라보다가 손을 내밀어 얼굴을 만져 보았다. 아기의 손을 자기 손바닥에 얹어 놓고, 다른 한 손으로 쓰다듬어 보았다.

"왜 여태 안 오시나? 마지막으로 얼굴이라도 한 번 더 보고 갈 것을…… 죽은 뒤에 돌아와 임종도 못 지켰다고 더욱 서러워하실 텐데. 청아! 난 이제 마지막이다. 다행히 네가 죽지 않고 자라거든 불쌍하신 너의 아버지를 극진히 모시거라."

곽씨 부인은 다시 청의 얼굴을 보고자 하였다. 그러나 눈앞이 흐려져 잘 보이지 않고 정신은 몽롱해지기만 하였다. 곽씨 부인은 기침을 두어 번 하다가 몸을 뒤틀더니, 마침내 숨을 거두고 말았다.

허둥지둥 약 두 첩을 지어 들고 서둘러 돌아오던 심 봉사는, 방 안에서 자지러지게 우는 청이의 울음소리를 듣고 발걸음을 재촉하였으나, 울음소리는 금세 멎고 말았다. 방 안은 다시 조용해졌다.

"여보 마누라, 약 지어왔소. 나 빨리 갔다왔지?"

그러나 방 안에선 아무런 대답이 없었다.

"오오라, 포근히 잠이 든 모양이군. 아이도 울다가 잠이 든 게지. 어서 약을 달여 가지고 들어가자. 공연히 잠을 깨울 필요는 없지……."

심 봉사는 급히 부엌으로 갔다. 그는 더듬거리며 약탕관을 찾아 들고 불을 피워 그 위에 얹어 놓았다.

"응아!"

또 아이의 울음소리가 들려 왔다. 그런데 이번에는 울음을 그치지 않았다.

"애가 자꾸 우는구나…… 약이 곧 달여질 텐데, 이젠 일어나 빈 젖이라도 물려 달래야지!"

심 봉사는 중얼거리며 방 안으로 들어갔다.

"여보 마누라! 이제 일어나 애 좀 달래고, 약을 먹어야지."

가까이 다가서며 말하였으나 아무런 대꾸도 없었다. 아이의 울음소리만 더욱 요란해졌다.

"애가 저렇게 우는데 빈 젖이라도 물려서 달래지 않고…… 어, 이 녀석, 아!"

심 봉사는 더듬거리며 부인 가까이 다가갔는데, 갑자기 무서움증이 일어났다. 그는 얼른 달려들어 부인의 사지를 만져 보았다. 수족은 다 늘어지고 코 밑에서는 찬김이 나니, 심 봉사는 비로소 부인이 죽었다는 것을 깨달았다.

"여보, 마누라! 아이구, 이게 웬일이야. 여보, 어쩌자고 이렇게 가는 거요? 마누라, 저 애 우는 소리가 들리지 않소? 이렇게 가다니!"

심 봉사는 방바닥을 치며 통곡을 하였다. 아내의 어깨를 잡고 흔들어도 보았으나 허사였다.

"여보, 무정도 하구려. 어찌 차마 눈을 감았단 말이오? 내가 더디 온다고 그새를 못 참았소? 이럴 줄 알았다면 곁에 앉아 임종이나 지켰을 텐데……."

심 봉사는 안타까운 마음에 그저 어린애처럼 발을 동동 구르고 울부짖으며 몸부림을 쳤다.

"여보 마누라, 당신이 살고 내가 죽으면 저 자식을 잘 키울걸, 당신이 죽고 내가 살아 저 어린 자식을 어찌한단 말이오? 구차한 살림살이 무얼 먹고 살아갈까. 평생 정한 뜻 죽을 때까지 함께 하자더니, 염라국이 어디라고 날 버리고 혼자 갔단 말이오? 이제 가면 언제 올까, 푸른 봄과 더불어 오려는가. 마누라 가신 곳은 몇만 리나 되기에 한번 가면 다시 못 오는가. 삼천벽도 요지연에 서왕모를 따라갔나, 월궁 항아 짝이 되어 도학하러 올라갔나. 황릉 묘이비 전에 회포를 풀러 갔나."

심 봉사의 통곡 소리가 조용한 마을에 울려 퍼졌다. 맨 먼저 달려온 사람은 윗집에 사는 부인이었다.

"이게 어인 일인가요? 앓아 누워 있는 줄은 알면서 와 보지도 못했는데, 이게 웬일이에요?"

윗집 부인의 눈에서도 눈물이 흘러내렸다. 부인은 얼른 울고 있는 청을 끌어안았다.

"아유, 이 귀여운 아이를 두고 어떻게 혼자 갈 수 있나? 아가야…… ."

윗집 부인은 아기를 안고 일어서서 위로해 주었다.

"심 봉사님, 진정하세요. 기왕지사 돌이킬 수 없는 걸 어찌합니까?"

심 봉사에게는 이런 말이 귀에 들어 오지 않았다. 그 동안에 동네 사람들이 하나 둘 몰려 왔다. 몇 사람은 방 안으로 들어가 심 봉사를 진정시키느라 애썼고, 윗집 부인은 청이를 안고 나와 부엌에서 동네 부인들과 함께 상의를 하였다.

"무던히도 착하시던 분이 왜 이리 박명할까?"

"그 현명한 부인이 복을 받아도 남의 곱은 받아야 할 텐데, 아이 낳고 이레도 안 돼서 이게 무슨 변이람!"

마을 사람들은 남녀노소 할 것 없이 모두 슬퍼하였다. 한결같이 생전의 곽씨 부인의 후덕함을 생각하며 안타까워하였다.

"불쌍한 곽씨 부인을 생각해서나, 앞 못 보는 심 봉사의 딱한 처지를 생각해서 우리 도화동 사람들이 이대로 있을 수 있겠어요?"

"아무렴요, 부인의 장례는 우리 마을에서 십시일반으로 힘을 모아 치러야지요."

마을 사람들의 의견은 모두 같았다. 장례를 치르기 위해 삼베를 가져오는 사람, 쌀을 가져오는 사람, 돈으로 몇 돈씩 가져오는 사람으로 줄을 이었다. 곽씨 부인의 수의도, 심 봉사의 상복도 모두 마을 사람들의 손으로 만들어졌다.

"아무리 둘러봐도 의탁할 곳이라곤 없는 심 봉사도 딱하지."

마을 사람들은 그의 앞일을 걱정하면서, 모두 자기 일처럼 나서서 서둘러 댔다.

곽씨 부인의 장례식 날은 그 맵던 바람도 멎은, 청명하고 포근한 날씨였다. 울다가 지친 심 봉사는 거의 정신을 잃고 있었다. 목이 쉬어 버린 그는 그저 가슴만 쥐어뜯으며 몸부림치기도 하였다. 이 처량한 모습에 마을 사람들도 함께 슬퍼하였다.

행주치마로 눈물을 닦는 아낙네들이 마당에 세워 놓은 상여를 지켜보고 있는 가운데 발인제를 지냈다. 비록 가난한 집의 초상이지만 동네에서 힘을 합해 정성껏 모셨다. 상여도 화려하게 차렸고, 상여꾼의 두건과 제복, 행건까지 모두 생포로 짓도록 거들었다. 명정과 만사도 휘황하게 줄을 이었다.

"자아, 이제 운구를 해야지. 오시가 되었어."

마을 노인들이 서두르자 상여꾼들이 달려들었고, 요령잡이의 요령이 요란하게 흔들렸다.

"오오, 아가! 어미가 마지막 집을 떠난단다. 딱하기도 하지."

"여보 마누라, 정말 가는가. 못 가네, 못 가. 저 애의 울음소리도 못 듣는가. 저 어린것을 두고 어딜 가는가. 나를 두고 어디로 간단 말인가."

심 봉사는 상여를 붙잡고 몸부림을 쳤다.

"못 가네, 못 가. 갈 테면 나도 데려가야지. 아이구 마누라, 무엇하러 세상에 나와 고생만 실컷 하다가 이렇게 간단 말인가. 귀신도 야속하지, 데려갈 양이면 나를 데려갈 일이지. 아이고, 내가 죽었으면 어린 자식이나 탈없이 키울 것인데…… 앞 못 보는 병신한테 핏덩이를 맡겨 놓고 어딜 간단 말인가. 못 가네 못 가, 아이구 마누라!"

동네 사람들이 달려들어 심 봉사를 부축하였다.

"여보 심 봉사, 좀 진정하시오. 정신 좀 차리시오. 이제 딸자식 키워 영화롭게 살아야지, 이러다 몸 상해요."

"몸이 상해져서 나도 가야겠어. 그 핏덩이, 얼어서도 죽을 테고 굶어서도 죽을 것인데. 아이고 마누라, 나도 가자, 황천길이 어디냐, 나도 같이 가자."

상여는 천천히 움직여 사립문을 빠져 나갔다.

"어화 넘차 너하."

심 봉사는 부르짖으며 울기를 멈추지 않았고, 상두꾼의 상두노래도 끊이지 않았다.

"곽씨 부인 행실도 얌전하더니 불쌍히도 죽었구나, 어화 넘차 너하. 북망산이 멀다 마소 건넛산이 북망일세, 어화 너하 어화 너하. 이 세상에 나온 사람 장생불사 못하여서 이 길 한 번 당하지만, 어화 넘차 너하. 우리 마을 곽씨 부인 칠십 향수 못하고서 오늘 이 길이 웬 일인가, 어화 넘차 너하. 새벽 닭이 잦혀 우니 서산 명월 다 넘어가고, 벽수비풍 슬슬 분다, 어화 너하 어화 너하."

요령잡이가 흔드는 요령 소리도 구슬펐고, 상여꾼들의 상여 소리도 처량하게 골짜기로 울려 퍼졌다. 상여 뒤를 따라가는 심 봉사를 옆에서 사람들이 부축하고 있었지만, 그는 여전히 울음과 넋두리와 몸부림을 그치지 않았다.

마을의 남자들과 아이들은 상여 뒤를 따라 줄줄이 늘어서서 가고, 마을 아낙네들은 멀리 골짜기로 올라가는 상여의 뒷모습을 지켜보며 멍하니 서 있었다.

마을의 한 젊은 부인이 귀덕 어미 앞으로 다가서서 아이를 받아 안았다.

"아기가 배고프겠어요. 제 젖이 불었는데 한 모금 먹이지요."

"예쁘게도 생겼다만, 장님 아버지 손에서 어떻게 커 나갈까? 불쌍하기도 하지."

아이를 들여다보며 마을의 한 부인이 혀를 찼다.

"제대로 살기나 할까? 저게 안 태어났으면 제 어미가 그렇게 죽지는 않았겠지."

젖을 물리고 얼굴을 들여다보고 있던 젊은 부인은 멀리 사라지는 상여 소리를 들으며 눈물을 주룩주룩 흘렸다. 산모퉁이를 돈 상여는 골짜기로 올라가 남쪽을 향한 산허리 양지 바른 곳에 놓여졌다. 한 무리의 마을 사람들이 먼저 올라가 묘 자리를 다 파 놓았기에 쉽게 안장할 수 있었다. 하관을 하고 흙을 덮을 때 심 봉사는 마구 뒹굴며 무덤 속으로 따라 들어가려고 하였다.

"여보, 마누라. 백년해로하자더니 이렇게 갑자기 먼저 가는구려. 그토록 고대하다 낳은 자식도 두고 갔구려. 다시 돌아올 수 없는 길 나중에 지하에서나 만납시다. 이 적막한 산골에 홀로 누워 어이 지내리까. 차려 놓은 주과포나 많이 들고 부디 편히 쉬시오."

심 봉사는 꿇어앉아 이렇게 말하고는 봉분에 엎드려 또다시 몸부림을 쳤다.

"마누라, 당신은 예서 살고, 나는 집으로 돌아가 혼자서 살란 말이오? 으흐흐……."

마을 사람들도 심 봉사를 바라보며 어깨를 들먹였다.

"여보, 당신은 만사를 잊고 이 깊은 산골에서 두견새 벗이 되어 자식 생각도 잊겠지만, 내 신세 생각하니 눈앞이 아득하구려. 개밥에 도토리요, 꿩 잃은 매가 되니 누굴 믿고 산단 말이오?"

봉분을 어루만지며 실성하여 통곡하니, 옆에 있던 마을 사람들이 그를 부축하여 일으켜 세웠다.

그러자 비로소 정신을 차린 심 봉사는 여러 사람에게 일일이 인사를 하며 고맙다는 말을 전하였다. 심 봉사가 사람들의 부축을 받으며 집에 돌아왔을 때에는, 해가 거의 기울고 있었다. 아직도 향 냄새가 남아 있는 집 안은 적막하기 그지없었다. 방이나 부엌이나 모두 텅 비어 있었다.

더듬거리며 방 안에 들어선 심 봉사는 다시 가슴에서 울컥 치밀어오르는 슬픔을 참을 수가 없었다. 방 안에는 향 냄새와 함께 아내의 체취가 아직도 감돌고 있었다. 휑뎅그렁한 빈 방 안에 혼자 넋을 잃고 앉아 온갖 슬픈 생각에 젖어 있을 때, 이웃집 귀덕 어미가 아이를 데려다 주고 갔다.

심 봉사는 아이를 받아 품에 안고, 지리산 갈까마귀 게 발 물어 던진 듯이 혼자 오똑 앉아 있었다. 슬픔이 하늘을 찌를 듯한데, 품 안의 어린 아이는 답답한 듯 울음을 터뜨렸다.

피로에 지쳐 곧 잠에 떨어질 것 같은데도, 그는 밤새 잠을 이룰 수가 없었다. 아이가 깨면 다시 재우고, 아이의 숨소리에만 귀를 기울인 채 찢어질 듯한 마음을 달래며 밤을 꼬박 새웠다.

새벽닭이 울었다. 청이는 낮에 얻어먹인 젖이 다 내려갔는지, 다시 보채기 시작하였다.

"아가 아가, 울지 마라. 너의 엄마는 먼 데로 갔다. 낙양 동촌 이화정에 숙 낭자 보러 갔다. 황릉 비 두 사람한테 회포를 풀러 갔다. 너도 너의 엄마 잃고 슬픔에 겨워 우는 게냐. 울지 마라, 울지 마라. 네 팔자가 얼마나 좋으면 칠 일 만에 어미 잃고 강보에 싸여 이 고생이겠니? 울지 마라, 울지 마라. 해당화 범나비야, 꽃이 진다 설워 마라. 명년 삼월 돌아오면 그 꽃 다시 피느니라. 우리 아내 가신 데는 한번 가면 못 오신다. 짝 잃은 외기러기 뚜루룩낄룩 소리내며 북쪽 하늘 날아가듯이, 내 마음 더욱 섧다. 너도 또한 님 잃고 님 찾아가는 길이더냐. 너와 나를 비교하면 두 팔자가 꼭 같구나."

이럭저럭 그날 밤을 지내면서 아기는 점점 기운이 없어졌다. 심 봉사는 어두운 눈이 더욱 침침하여 어찌할 줄 모르고 있는데, 어느 새 동쪽 하늘이 밝아지며 우물가에서 물 긷는 소리가 귀에 번뜩 들려 왔다.

"후덕하신 부인님들, 이리 찾아와 죄송합니다. 이레 안에 에미 잃은 이것이 앞 못 보는 아비 손에서 이렇게 자라는군요. 죄 많은 두 목숨 그저 여러 어른들 덕에 살아갑니다만, 댁의 귀한 아기 먹다 남은 젖이 있거든 한 모금만 빨려 주십시오."

우물가에 이른 심 봉사는 고개를 연신 굽실거리며 사정을 하였다.

"아유, 어떡하나! 여기 나와 있는 사람은 모두 젖이 안 나오는데요."

한 부인이 난처한 듯 말하였다.

"봉사님, 우리에겐 젖이 없소만, 마침 이 동네에 젖 나오는 이가 많으니 아기를 안고 찾아가면 누가 괄시를 하겠습니까? 어디, 아기는 자는 모양이군요."

심 봉사는 눈물을 지으며 청이를 안고 동서남북으로 동냥젖을 구하러 다녔다. 젖 있는 여인네가 아무리 목석이라 할지라도 가엾게 여기지 않는 사람이 없어, 청이는 잘 자라나게 되었다.

가까이 사는 부인네들은 심 봉사의 사람됨을 알기 때문에 한없이 불쌍히 여겨 청이를 받아 젖을 먹여 주며,

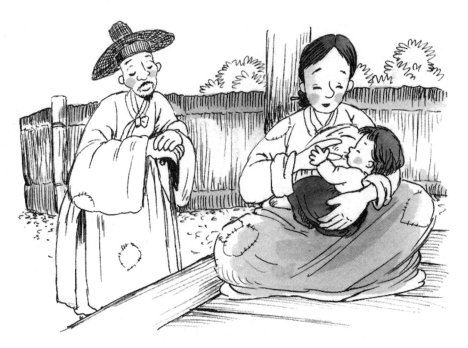

"여보시오 봉사님, 어렵게 여기지 말고 내일도 안고 오고, 모레도 안고 오면 이 애기 설마 굶기리까."

하였다.

"어질고 후덕하시어 좋은 일을 하시니 우리 동네 부인네들 세상에 드문 분들이오. 비옵건대 여러 부인님들, 복 많이 받고 영화를 누리도록 하소서."

심 봉사는 정말 감사하는 마음으로 백배 치하하고, 아기를 품에 안고 집으로 돌아와서 아기 배를 만져 보며 혼잣말로 중얼거렸다.

"허허, 내 딸 배부르다. 일 년 삼백육십 일에 이만하면 됐지. 이게 뉘 덕이냐, 동네 부인 덕이로다. 너도 모친같이 현명하고 덕행 있어 아비에게 귀염 보이거라. 어려서 고생하면 자라서 낙이 있나니 어서어서 자라거라."

아기는 곧 잠이 들었다. 그는 동냥자루를 두 동 지어 한쪽 어깨에 비스듬히 메고 밖으로 나갔다. 지팡이를 앞세우고 더듬더듬 건넛마을로 향하였다.

아기가 깨기 전에 미음이라도 얻어 갈 양으로 건넛마을의 이집 저집을 찾아다녔다.

"앞 못 보는 병신, 또 왔습니다. 밥 한술 얻어먹으러 왔습니다."

이렇게 사정하여 두어 집에서 우선 시장기를 면하고, 다른 집에서는 곡식을 얻었다.

"아기는 잘 자라나요? 고생이 얼마나 심하시오?"

건넛마을에서도 모두 심 봉사의 사정을 알고 한결같이 동정을 아끼지 않았다. 한낮이 되어 돌아오는 심 봉사의 마포 자루에는 쌀과 잡곡이 몇 되는 실히 들어 있었다.

심 봉사는 부지런히 암죽을 쑤어 아기에게 먹인 뒤, 오후에는 또 동냥을 나섰다. 그는 틈틈이 모은 양식을 아끼고, 몇 닢씩 얻은 돈을 모아 엿과 홍합 등 아기의 암죽거리를 샀다.

그의 이런 일과는 하루도 빠지지 않고 계속되었다. 그러나 아기가 백일이 지나면서부터는 동냥젖을 먹이지 않고도 암죽만으로 잘 자랐다. 죽을 쑤어 부녀가 함께 나누어 먹어도, 아기는 탈없이 무럭무럭 잘 자라 주었다.

아기의 백일날 심 봉사는 아기를 안고 곽씨 부인의 묘를 찾아갔다. 아기를 안은 채 그는 통곡을 하고 말았다.

"여보 마누라, 이 딸아이가 자라는 모습도 못 보고…… 어흐흑, 이 귀염둥이의 얼굴을 보아 줄 사람이 하나도 없으니……."

심 봉사는 혼자 말하며 몸부림을 쳤다.

"벌써 백일이나 됐어……."

심 봉사는 아내의 묘 앞에서 설움을 쏟아 내고 나니 한결 후련해졌다. 그는 매월 삭망을 거른 일이 없었다. 조촐하게나마 정성을 들여 음식을 마련하는 것을 잊지 않았다.

아무리 부지런히 동냥을 하여 조금씩 저축을 한다고 하지만, 날이 갈수록 집안 살림살이는 초라해질 수밖에 없었다. 해가 갈수록 장독대도 그 수가 줄어들고, 곽씨 부인이 알뜰하게 장만해 두었던 목기며 대그릇들도 거의 없어졌다.

지붕은 마을 사람들이 짚 몇 단씩을 내놓아 비가 새지 않게 해 주었으나, 섶으로 둘러친 울타리는 여섯 해가 지나자 다 삭아 거의 주저앉고 말았다.

청이의 나이도 어느 새 일곱 살이 되었다. 빼어나게 예쁜 청이는 마을의 귀염둥이이기도 하였다. 청이는 천지신명이 도와 잔병 없이 잘 자라서, 이제는 소경 아버지를 인도할 수 있게 되었다.

청이가 열 살이 되던 봄이었다. 심 봉사와 딸 청이는 한식을 맞아 곽씨 부인의 묘를 찾았다. 두 부녀는 과일 몇 개와 술을 마련해 가지고 성묘를 갔다.

심 봉사는 이제 제법 자란 딸에게 지나온 이야기를 들려 주었다. 청이가 갓난아기였을 때부터 지금까지 살아온 이야기를 해 주며, 곽씨 부인의 유언까지 들려 주었다.

"정말 훌륭하신 어머님이셨구나. 그런데 나는 아버지의 짐이 되어, 아버지를 더 고생시키는 계집애이니……."

청이는 북받치는 감정으로 어머니 산소 앞에 엎드려 소리없이 흐느꼈다. 심 봉사는 눈으로 보지 못하기 때문에 딸이 울고 있는지도 모르고 이야기를 계속하였다. 그 날 집에 돌아와 청이는 아버지 앞에 나아가 여쭈었다.

"내일부터는 제가 밥도 얻어 오고 쌀도 얻어 올 테니, 아버질랑 집에 계시어요."

"그건 안 될 말이다. 나야 아직 팔다리가 성하고 근처 사람들이 모두 나를 알고 동정해 주지만, 너야 어린것이 어디를 나간단 말이냐? 결코 안 될 말이로다."

심 봉사는 손을 휘휘 내저으며 더는 말을 못하게 하였다.

"아버지, 제 청도 들어주세요. 제 말씀 좀 들어 보세요. 말 못 하는 까마귀도 제 날개로 날게 되면 부모에게 먹이를 물어다 줄 줄 알고, 곽거라는 사람은 제 자식이 부모의 반찬을 빼앗아 먹는다고 그 자식을 버릴 것을 의논했어요. 또 맹종이란 사람은 효성이 지극하여 엄동설한 추운 날에 죽순을 얻어다 부모를 봉양했다지 않아요? 저도 이제 나이 열 살이 되었으니, 옛날의 이름 있는 효자는 못 따를망정 어찌 가만히 앉아 있을 수 있겠습니까? 눈 어두운 아버님께서 험한 길 다니시다 넘어지시면 다치기 쉽상이고, 외진 길에서 어쩌다 비바람 만나 병환이나 나시면 그 땐 어떡합니까? 저도 이제 아버님 덕분에 이만큼 자랐으니, 아버님은 집에 계셔도 되겠습니다."

청은 내일부터는 어떻게 해서든지 아버지를 집에 앉혀 둬야만 하겠다고 단단히 마음을 먹었다.

"네 말은 기특하다만 아예 그런 말일랑 입 밖에 내지도 말아라. 어린 너를 밖에 내보내고 앉아서, 얻어먹는 내 마음이 편할 것 같으냐? 너는 비록 눈멀고 가난한 애비 밑에서나마, 글도 읽고 바느질도 익혀 훌륭한 규수가 되어야 한다."

심 봉사는 고개를 휘저으며 반대하였다.

"아버지, 말리지 마세요. 옛날 현인들은 몸을 팔아서까지 부모 모신 일도 있다는데, 제가 동냥으로 아버지 봉양하는 게 무엇이 안 될 일이에요? 내일부터는 꼭 제가 나갈 테니 아버지는 집에 계세요."

청은 애원을 하였다. 심 봉사는 딸이 벌써 이렇게 자랐나 싶어 눈시울이 뜨거워졌다. 그저 고개만 끄덕일 뿐 더 말을 잇지 못하였다.

한식이 지났지만 새벽 기온은 제법 차가웠다. 깃만 남은 헌 저고리에 누덕누덕 기운 베 중의를 입고, 자락이 없는 휘양을 숙여 쓴 청의 모습은 휘양을 썼기에 여자아이임을 분간할 수 있을 정도였다. 그녀는 맨발에 뒤축 없는 짚신을 질질 끌고 있었다. 짚신도 귀덕 어머니가 삼아 준 것인데 벌써 뒤축이 다 닳아 버렸다.

건넛마을 어귀에 이르니 산봉우리에 햇살이 비치고, 온 마을에 연기가 무지근히 올라 퍼지고 있었다. 청은 밥바가지를 두 손으로 모아 들고 잔뜩 웅크린 채, 마을 입구 첫 번째 집 대문 앞에 섰다.

'뭐라고 얘기해야 할까? 부엌에 사람은 있는데 그대로 쑥 들어가야 할까? 아버지는 벌써 여러 해 이렇게 다니며 나를 길러 주셨는데…… 우선 들어가서 밥을 좀 달라고 사정해야지.'

청이 이런 생각을 하며 사립문으로 들어서는데,

"웡!"

하면서 누런 수캐 한 마리가 청이 앞으로 덤벼들었다. 청은 깜짝 놀라 바가지를 땅에 떨어뜨리고 그 자리에 털썩 주저앉고 말았다. 그러자 개는 더욱 기세를 올려 금세 물 듯이 으르렁거렸다.

"저 개가 왜 저럴까?"

부엌에서 밥을 짓던 부인이 쫓아 나오다가, 바가지를 놓치고 파랗게 질려 있는 청을 보고 깜짝 놀랐다.

"저리 비켜."

부인이 부지깽이를 들고 소리치며 달려오자, 개는 슬금슬금 물러났

다.

"아유, 놀랐겠구나. 아가, 일어나거라. 개가 낯선 사람만 보면 그렇게 사납게 군단다. 아가, 일어나거라! 너, 물리진 않았니?"

부인은 천천히 청이를 잡아 일으켜 주었다.

"날씨가 춥다. 부엌에 들어와 불이나 좀 쬐렴."

청은 부엌으로 이끌려 들어갔다. 가만히 앉아 있을 수만 없어 아궁이에 나무를 밀어 넣으며 불을 때 주었다.

"너, 이 근처에 사니? 퍽 예쁜 아이구나. 통 못 보던 아인데, 어디서 이사 왔니?"

부인이 물었다.

"저는 도화동에서 왔어요. 어머니는 안 계시고 아버님만 계신데, 아버지께서 앞을 못 보세요."

"오오, 그럼 네가 저 심 봉사의 딸이로구나. 네가 바로 효녀로 소문난 청이란 말이지?"

"네, 제가 청이에요. 앞 못 보는 아버지가 매일 동냥 나가시는 걸 볼 수 없어 오늘 처음으로 제가 나왔어요."

이 말을 듣자 부인은 감탄한 듯 혀를 찼다.

"네가 벌써 이렇게 자랐구나! 이 마을에도 네가 현숙하신 너의 어머니를 닮아 무척 영리하고 예쁜 아이라고 소문이 나 있단다. 부지런하고 후덕하신 너의 어머니가 이 마을에 일감을 가지러 다닌 적이 엊그제 같은데, 벌써 이렇게 자랐구나. 아버지를 봉양하겠다고 어린 네가 대신 나오다니……."

부인은 마침 밥이 다 됐다면서 김이 모락모락 나는 쌀밥을 한 그릇 퍼서 청이 앞에 내놓았다. 국과 찌개까지 내놓으며 먹기를 권하였다.

"밥이 뜨뜻하다. 거기 앉아 먹고 가거라. 배도 무척 굶았겠지. 자아, 어서 먹어."

그런데 청이는 먹을 생각을 않고 바가지만 만지작거리고 있었다.

"너, 왜 그러니? 어려워 말고 어서 먹으렴!"

"저, 아버지 혼자 집에서 기다리시는데 저 혼자 먹을 수가 없어요. 이 밥을 가지고 가서 아버지랑 함께 먹겠어요."

청이가 말하였다.

"아, 그래서 그러는구나. 아버지 갖다 드릴 것은 따로 담아 줄 테니, 어서 그 밥을 먹고 가거라."

부인은 자꾸만 먹기를 권하였다. 그러나 청은 그 밥을 도저히 혼자 먹을 수가 없었다.

부인이 다시 말하였다.

"너 지금 몇 살이니? 우리 집 아이보다 두 해 늦게 났으니 열 살밖에 안 됐겠는데, 효성이 아주 지극하구나."

부인이 감탄하면서 밥을 수북이 담아 주었다.

"자아, 추운데 어서 가지고 가거라. 내일 아침까지 너희 부녀가 먹을 수 있는 양이니라. 그리고 이 다음에도 먹을 것이 떨어지면 조금도 어려워 말고 오너라."

청은 묵직한 바가지를 받쳐 들고 마당으로 내려섰다.

"애, 청아. 잠깐 좀 기다리거라."

부인은 갑자기 청이를 불러 세우면서 방 안으로 들어갔다. 부인이 저고리 하나를 꺼내 들고 나왔다.

"색은 바랬으나 우리 집 아이가 입던 것이다. 이제 작아서 입지도 못하고 동생도 없으니 가져다 입으려무나. 솜은 두둑하니 뜨뜻할 게다."

부인은 저고리를 차곡차곡 접어 헌 보자기에 싸 주었다.

"이렇게 큰 은덕을 입어서 어쩌면 좋아요? 고맙습니다."

청은 고개를 숙였다.

"그래, 잘 가거라. 그리고 이 다음에도 어려워 말고 꼭 와야 한다."

부인은 정말 친절한 분이었다.

청이 돌아간 뒤에도 부인은 그 어린것의 태도가 하도 기특하고 귀여워, 멀리 뒷모습을 바라보며 혼자 미소짓고 있었다.

청은 걸음이 빨라졌다. 아직도 날씨가 찬데 불도 시원찮은 방에서 딸이 오기만을 기다리고 있을 아버지 생각을 하니 발이 너무나 무겁기만 하였다.

심 봉사는 그 동안 질화로를 끼고 방에 앉았다가, 몇 번이나 방문을 열고 바깥 쪽에 귀를 기울이곤 하였다.

"이것이 나가서 얼마나 고생을 할까? 내가 나갈 걸 그랬어. 내가 죽일 놈이지. 그 어린것에게 밥바가지 들려 내보낸 것을 죽은 제 어미의 영혼이 보았더라면 내 원망을 얼마나 할까? 내가 몹쓸 놈이지, 그게 어떤 딸이라고 밥바가지를 들려 내보내! 나는 천벌을 받아야 돼."

초조한 나머지 이렇게 중얼거리던 심 봉사는 급기야 훌쩍훌쩍 울기 시작하였다. 그래서 정작 청이가 방문을 열 때에는 다가오는 발소리를 듣지 못하였다.

청은 깜짝 놀랐다. 질화로를 껴안은 채 훌쩍훌쩍 울고 있는 아버지를 보자 너무 측은하여 눈물이 왈칵 솟았다.

"아버지, 왜 그러세요? 너무 상심 마세요."

청은 영문도 모르고 그저 당황하여 밥바가지를 한쪽에 놓으며 아버지의 어깨를 끌어안았다. 심 봉사는 어느 새 나타난 청의 목소리를 듣고 깜짝 놀랐다.

"아니다. 아무것도 아니다."

"아버지 제게 잘못이 있으면 지금 꾸짖어 주세요."

그러나 심 봉사는 멀뚱이 앉아 있다가 억지로 미소를 지으며,

"네가 벌써 이렇게 자라 애비 봉양을 한다 생각하니 너무 기뻐서 그러는 거다. 괜히 네게 눈물을 보였구나. 그래, 밥은 얼마나 얻어 왔니?"

하며 딴말로 얼버무렸다.

"네, 밥을 많이 얻어 왔어요. 건넛마을 첫 번째 집에 갔더니 내일 아침거리까지 충분히 주셨어요. 아버지 말씀도 묻고 어머니 얘기도 하면서, 저고리도 한 벌 주셨어요."

청은 오늘 있었던 일을 차근차근 이야기해 드렸다. 그러나 개 때문에 혼이 났던 이야기는 입 밖에 내지 않았다.

"너 춥겠구나. 어서 화로에 불을 쪼여 손 녹인 뒤 밥을 먹자."

심 봉사는 딸의 손을 잡아 화롯가로 이끌었다.

"아니에요, 춥지 않아요. 밥이 아직 더운데 식기 전에 잡수셔야지요. 제가 얼른 나가 상을 차려 올 테니 조금만 기다리세요. 아버지 시장하시겠어요."

청은 아버지의 손을 뿌리치고 부엌으로 갔다. 그리고 물 부은 솥에 불을 지펴 놓고는, 상에 김치를 놓아 받쳐 들고 방 안으로 들어갔다.

"그 집에서 반찬도 많이 주셨어요. 이 젓갈 좀 드셔 보세요."

"오냐, 맛있구나. 너도 먹어라. 그런데 우리 집 김치도 아직 남았느냐?"

심 봉사는 이것저것 집어 먹다가 입에 익은 김치가 있자 물었다.

"네, 작년 가을 귀덕 어머니가 담가 주신 김치가 아직도 몇 포기 남았어요."

"그래? 아무리 이웃사촌이라지만, 귀덕 어머니께 폐를 끼쳐 큰일이구나. 그 은공을 어떻게 갚는단 말이냐? 하나에서 열까지 그렇게 찬찬히 보살펴 주시니…… 후에라도 그 은공 잊어서는 안 되느니라."

"네, 아버지. 저도 알고 있어요. 오늘은 들에 나가 햇나물이나 좀 뜯어

다 귀덕이네도 드리고, 저녁에는 아버지 국을 끓여 드릴게요. 저녁을 먹은 후에는 귀덕 엄마한테 가서 바느질도 배워야겠어요."

"아가, 네가 무슨 바느질을 배운다고 그러니? 가서 그 어른 일에 방해나 될걸."

"처음엔 일 심부름이나 하면서 구경만 하지요."

"거기 가더라도 일에 방해되지 않도록 조심해야 한다."

심 봉사는 당부의 말을 잊지 않았다. 심 봉사는 어린것이 밥바가지를 들고 나가 얻어 온 밥이라고 생각하니 잘 넘어가지를 않았다.

"아버지, 진지 많이 잡수세요. 가서 더운 물 떠 올게요."

청이 부엌에 나가 물을 떠 왔으나 역시 목이 메는 것은 어쩔 수 없었다.

"찬이 맛있어 많이 먹었다. 너도 많이 먹거라."

겉으로 태연한 체하며 딸에게만 권하였다.

청은 유복한 집에서 태어났더라면 한창 어리광을 부릴 나이였다. 그러나 어른 못지않게 속이 깊은 청은 부지런히 바느질을 배워 열세 살 때에는 동네 삯바느질까지 할 수 있게 되었다.

"꼭 돌아가신 네 어머니를 닮았구나. 솜씨가 어쩌면 그렇게 맵시 있고 영그니? 아니, 네 어머니 솜씨보다 더 뛰어난 것 같구나."

귀덕 어머니는 칭찬을 아끼지 않았다. 그리고 손수 나서서 바느질감이며 빨래 일거리를 얻어다 주었다. 이런 인연이 자꾸 넓게 맺어지면서 이웃 동네에서도 일거리를 맡기러 오게 되었다.

청은 밤늦게까지 바느질과 맡아 놓은 빨래 등 삯일을 하였다. 낮에는 김매는 일과 타작마당의 뒷일을 돌봐 주는 등 부지런히 일을 하여 생활이 차차 나아져 갔다. 조금씩 저축하는 재미도 흐뭇했지만, 청은 앞 못 보는 아버지를 좀더 잘 봉양할 수 있다는 기쁨에 어떠한 고생도 즐겁게 받아들였다.

청이 열다섯 살이 되었을 때에는 다 주저앉은 섶 울타리도 말끔히 새로 둘러쳐지고, 텅 비었던 장독대도 크고 작은 항아리들로 가득해졌다.

저녁이면 마을 처녀들이 바느질감을 들고 청에게로 왔다.

"어머니한테 매일 혼이 나지만 영 안 된다. 청아, 이 깃 어떻게 꺾는지 좀 가르쳐 줘."

"그것 이리 줘 봐. 나도 잘 모르지만 이렇게 지어 가지고 이쪽으로 꺾으면 돼."

청은 누구에게나 친절하였다.

"아, 그러네. 청이 네 소문이 장안에 자자하다고 우리 아버지가 말씀하시더라."

친구인 곱분이가 부러운 듯 말하였다.

"내가 뭘, 괜히들 그러는 거지. 너까지 놀리기니?"

"아니야, 정말이다. 우리 아버지가 장에 다녀 오셔서 그런 말씀하시더라. 먼 데 사람들까지도 우리 도화동에 선녀가 내려왔다면서 네 얘기를 한다고……."

"내가 무어 잘났다고 너까지 그러니? 뭐 하나라도 남보다 나은 게 있다고…… 앞으로는 그런 말 하지 마."

"아니야, 내가 보기에도 그래. 넌 글도 많이 읽었고 효성도 지극하지 않니? 게다가 너처럼 예쁜 얼굴을 난 아직까지 본 적이 없어."

"너 자꾸 그러면 정말 싫다. 앞 못 보시는 아버지 봉양하는 건 내 당연한 도리이고, 글공부야 내가 글방엘 다녔니, 독선생을 모시고 배웠니? 그전에 할아버지, 아버지께서 보시던 책을 앞 못 보시는 아버지께서 가르쳐 주신 대로 띄엄띄엄 읽어 봤을 뿐이지. 글공부처럼 힘든 게 어디 있다고……."

"그래도 넌 《소학》, 《중용》, 《논어》, 《맹자》, 또 《통감》까지도 읽었다면 서…… 난 천자를 배운다고 일 년 내내 아버지한테 꾸중만 듣다가, 이 제 지쳐서 아주 덮어 버렸단다. 너한테 글공부도 좀 배워야겠다."

마을 처녀들은 친구인 청을 높이 우러러보고 있었다.

곱분이의 얘기는 조금도 과장이 없는 것으로서, 그만큼 청의 소문은 널리 퍼져 있었다. 그러기에 곱분이가 그런 얘기를 하고 돌아간 다음 날, 낯선 소녀가 청을 찾아왔다. 청이 방문 밖으로 나가자 그 소녀는 공 손히 말하였다.

"저는 무릉촌 장 승상 댁의 하녀이온데, 심 소저를 모시러 왔습니다."

그 소녀는 청의 뛰어난 용모가 놀라운 듯, 조심스럽게 말하더니 멍하 니 서 있었다.

"혹시 잘못 찾아오신 거 아니에요? 지체 높으신 어른이 저같이 미천한 것을 찾으실 리 있겠어요?"

청은 의아해서 물었다.

"승상 부인께서 청이 아가씨의 소문을 들으시고 꼭 한번 만나봤으면 하 고 저를 보내셨어요."

청은 어리둥절하였다. 분명히 자기를 찾아왔기 때문이었다. 청은 방 안으로 들어가 아버지께 그 말씀을 전해 드렸다.

"아버지, 뜻밖에도 장 승상 댁 부인께서 하녀를 보내어 저를 부르시니 잠시 갔다와도 되겠습니까?"

"그러냐? 나라 재상의 부인이 너를 부르신다니 얼른 다녀오너라. 그런 데 내가 너에게 예의 범절을 못 가르쳤으니 소홀함이 많겠으나, 네가 잘 생각해서 결례됨이 없도록 해야 한다."

심 봉사는 딸에게 걸음걸이며 인사하는 법도를 자세히 이야기해 주고 싶었으나, 자기도 뭐라고 일러 줄 말이 없었다.

"네, 공손히 하겠어요. 아버지, 제가 혹시 늦게 되면 시장하실 테니 진 짓상을 보아 놓고 가겠습니다. 시장하시거든 잡수시고 계세요. 될수록 속히 다녀오겠습니다."

청은 아버지께 인사를 드리고 하녀를 따라 장 승상 댁으로 갔다.

고래등 같은 기와집이 여러 채 머리를 맞대고 웅장하게 서 있었다. 대문을 지나 중문을 지나고 안으로 들어서니, 못 보던 화초들이 가득한 정원이 펼쳐져 있어 눈이 부셨다. 전에 동냥을 다닐 때 이 집 앞을 지나 간 적은 있었으나, 굳게 닫힌 집 안을 들여다볼 수는 없었다. 모든 문들 과 기둥이 어마어마했으나 청은 당황하는 빛 없이 단정히 고개를 숙이 고 하녀 뒤를 따라 안채의 뜰 앞에 이르렀다.

"오, 먼 길 오느라고 수고했다. 어서 올라오너라. 정말 소문대로 어여 쁜 처녀구나!"

장 승상 부인은 밖으로 나오며 반갑게 청을 맞이해 주었다.

마루에 오를 때에는 손수 청의 손을 잡고 방 안으로 이끌어 주었다.

"게 앉거라. 어디 자세히 보자. 과연 이 고을에서 처음 보는 아름다운 용모로구나. 또한 네 효성이 지극하다고 하니 선녀란 너를 두고 일러야 되겠구나."

장 승상 부인은 감탄의 말을 그칠 줄 몰랐다. 하녀를 불러 과일과 과 자를 가져오게 하고 먹기를 권하면서도, 연신 그 미모와 마음씨를 찬양 하였다.

"그래, 글도 혼자 터득하여 많이 읽었다면서?"

"아니옵니다. 아버지께서 이십 후에 맹인이 되셨기에 글을 좀 아십니 다. 어려서부터 저를 무릎에 앉혀 놓고 가르쳐 주시는 것으로 조금밖에 익히지 못하였사옵니다."

"나도 얘기를 다 들었다. 네 아버지 또한 훌륭한 분이라고…… 내 오늘

너에게 긴히 할 얘기가 있구나."

승상 부인은 청에게 집안 살림살이며 사는 형편을 물은 뒤에, 눈치를 살피며 잠시 머뭇거렸다.

"무슨 말씀이온지요?"

"청아, 내 소원을 들어주겠지? 승상은 이미 세상을 떠나시고 아들 삼 형제는 모두 서울에 가 있으니 슬하에 말벗이라고는 하나도 없구나. 그러니 자나깨나 적적한 방에 혼자 앉아, 옛 책이나 읽으며 세월을 보내고 있단다. 네 사정 듣고 보니 양반의 후예로서 그 고생하는 게 몹시 딱하더구나. 그러니 나의 수양딸이 되어 나와 함께 기거하며 내게는 외로운 말년에 말벗도 되고, 너는 침공도 배우고 글도 더 읽어 가며 재미있게 지내 보자꾸나."

청이 장 승상 부인의 말을 들으니, 유복한 환경이지만 무척 외로워하는 부인의 심정을 조금이나마 짐작할 수 있을 것 같았다. 그리고 마음속으로 동정도 갔다. 그러나 문득 아버지의 얼굴이 떠올랐다.

"말씀 황공하옵니다. 마치 돌아가신 어머님을 뵈온 듯 반갑기 그지없습니다. 미천한 몸을 그처럼 생각해 주시는데, 아뢰기 어렵사오나 낳은 지 7일 만에 어미 잃은 저를 안고 이처럼 길러 주신 앞 못 보는 아버님을 생각하면, 제가 어찌 아버님 곁을 떠날 수 있겠습니까? 제 한 몸은 영화롭고 귀하게 되겠사오나, 앞 못 보는 아버지의 아침 저녁 진지며 사철 의복 돌볼 사람은 저밖에 없사옵니다. 부모 은덕은 누구에게나 같겠사오나, 저는 더욱 큰 부모 은혜를 갚을 길 없어 잠시라도 아버님 곁을 떠날 수 없사옵니다."

청은 눈물을 왈칵 솟았다. 승상 부인의 훈훈한 정이 가슴을 적셨고, 그와 동시에 아버지 이야기를 하자니 동냥젖을 얻어먹이러 다닐 때의 그 참담한 광경이 눈앞에 보이는 것 같아 마음이 격해진 것이었다.

"오냐, 알겠다, 알겠어. 과연 뛰어난 효녀로구나. 내 나이가 많은 탓에 정신이 혼미해져 그런 얘기를 했구나. 미처 생각 못 하고 한 말이니 노엽게 생각지 말아 다오."

장 승상 부인은 당황하며 말하였다. 그리고 그런 이야기를 꺼낸 것을 후회하였다. 부인은 이어,

"그럼, 그 얘기는 이제 그만두고 네게 다른 청 하나를 말해도 되겠니? 다름이 아니라 내 어려서부터 그림 공부를 좀 했느니라. 뛰어난 효녀이며 땅 위에 내려온 선녀 같은 너를 대하니, 네 화상 한 폭을 그려 두고 싶구나. 좀 지루하지만 참아 줄 수 있겠니?"

하고 물었다.

"미천한 몸을 그렇게 생각해 주시니 황송하옵니다."

청은 자기만 기다리고 계실 아버지 생각에 몹시 조바심이 났으나, 그 청마저 거절할 수는 없었다.

승상 부인은 필묵을 꺼내어 놓고 청의 화상을 그리기 시작하였다. 화상 한 폭 그리는 일은 그리 쉽게 끝나지 않았다.

한편 청이 무릉촌으로 간 뒤, 심 봉사는 혼자 무료하게 앉아 밖으로 귀를 기울이고 있었다. 그는 점심때가 훨씬 지났는데도 밥 먹을 생각도 하지 않고 있었다.

'우리 청이가 곧 돌아오겠지…… 오면 함께 먹어야지. 얘가 곧 올 텐데…….'

딸을 기다리다 지친 심 봉사는, 마당에 내려와 하릴없이 서성거려 보기도 하였다.

"웬일일까?"

기다리면 기다릴수록 마음은 더욱 조급해졌다.

그 때 먼 곳의 절에서 치는 저녁 종소리가 들려 왔다.

'벌써 날이 저무나 본데, 우리 청이가 웬일일까? 애가 무슨 일에 골몰하여 이렇게 늦는 걸까?'

마당을 서성거리던 심 봉사는 지팡이도 없이 사립문 밖으로 나섰다.

'곧 오겠지.'

이렇게 기대하면서 조금씩 조금씩 나간 것이 동구 밖 개천길에까지 이르고 말았다. 항상 다니던 길이라 지팡이도 없이 더듬더듬 걸었으나, 그만 한 발을 잘못 디디면서 개천으로 나가떨어지고 말았다. 눈 깜짝할 사이에 일어난 일이라서 어떻게 몸을 가눌 틈이 없었다. 둑 가의 흙을 뒤집어쓰고 물 속으로 풍덩 빠진 심 봉사는, 어느 쪽에 둑이 있는지 분간조차 할 수 없었다.

"사람 살려! 거기 아무도 없소? 사람 살려!"

이렇게 외치며 허우적거렸으나 몸은 자꾸만 깊은 곳으로 빠져 들어가고, 아무도 대답하는 사람이 없었다.

"사람 살려요! 심 봉사 물에 빠져 죽게 됐소. 사람 살려요!"

심 봉사가 아무리 아우성을 쳐도 인적이 끊긴 동구 밖이라 구해 줄 사람이 있을 리 없었다. 허우적거리며 물 속을 빠져 나오려고 하면 할수록, 물은 점점 목까지 차올랐다.

"사람 죽소! 사람 살려요!"

있는 힘을 다해 악을 써 보았다. 그래도 아무 대답이 없었다. 심 봉사는 기진맥진하여 물 속에서 허우적거리기만 할 뿐이었다.

그 때 마침 몽운사의 화주승이 권선문(불가에서 보시를 청하는 글을 적은 것으로, 시주자의 이름과 금액을 기록함)을 둘러메고 시주 집에 내려왔다 돌아가는 길에 이 모습을 보게 되었다.

"아이고, 나 죽네! 심학규 아주 죽네! 아이고 아이고, 난 이제 영영 죽

는구나."

누군가 허우적거리며 웅얼거리는 소리에 놀란 화주승은 개천가로 달려갔다. 물에 빠진 심 봉사를 보자 스님은 히죽 웃었다.

"여보시오, 그까짓 물에서 빨리 나오지 않고 왜 허우적거리고만 있소? 빨리 이쪽으로 나오쇼."

심 봉사가 소리를 질렀다.

"아이구, 사람 살려요! 여보, 급하오. 눈뜬 사람이 나 눈먼 것도 안 보이시오? 그쪽은 더 깊어 난 빠져 죽소. 빨리 빨리, 나 좀……."

심 봉사의 말을 들은 화주승은 재빨리 다리를 걷어붙이고 긴 지팡이를 심 봉사의 몸에 대며 붙들라고 이르고 끌어 내었다.

"허허, 이게 웬일이오? 도화동 사는 심 봉사가 아니오? 자아, 정신 차려요."

화주승이 심 봉사를 부축하였다.

"이제 살았구려. 꼭 죽을 몸이었는데, 나를 살려 준 당신은 누구시오?"

"나는 몽운사 화주승이오. 마침 지나다 봤으니 다행이구려. 앞 못 보시는 분이 왜 이런 길에 나섰소? 하여튼 빨리 집으로 돌아갑시다."

"스님은 정말 살아 계신 부처로군요. 이 목숨을 구해 준 은혜 평생 잊지 않겠소."

심 봉사는 생각할수록 화주승이 고마웠다. 화주승은 심 봉사의 손을 잡고 집에까지 데려다 놓고 마른 옷을 찾아 내어 갈아입혀 주었다.

"앞 못 보는 분이 웬일로 이렇게 늦게 길을 나섰소?"

"사실은……."

이렇게 서두를 꺼낸 심 봉사는 그 동안 자신이 살아온 내력을 모두 이야기하고 신세 한탄을 늘어놓게 되었다.

"그럼, 좋은 수가 있는데……."

"좋은 수라니요?"

"하여튼 날 때부터 장님은 아니었다, 그 말씀이지요?"

"그렇다니까요."

"그러면 눈을 뜰 수가 있소."

"뭐라고요?"

자기도 눈을 뜰 수 있다는 말에 심 봉사는 펄쩍 뛰며 어쩔 줄 몰라하였다. 그는 화주승 쪽으로 바짝 다가앉으며,

"네? 눈을 뜰 수 있어요? 그게 정말이오? 틀림없지요?"

하며 다그쳐 물었다.

"중이 거짓말하는 것 봤소? 방법이 있긴 하지만…… 글쎄요, 내가 공연한 말을 꺼냈나 봅니다."

화주승이 난처한 듯이 말하자 심 봉사는 더욱 몸이 달아올랐다.

"대사, 대사님! 아까 개천에서 죽을 목숨을 구해 주신 것도 부처님의 뜻일 텐데, 부처님의 뜻이 내 눈까지 뜨게 해 주실 모양이오. 그래서 대사를 이렇게 보내 주셨을 테니, 이제 나도 눈을 뜨게 되는가 보오. 내 전생의 죄가 아직도 다 속죄되지 않았다면 몰라도, 지난 날의 고생만으로도 이젠 충분할 것 같소. 대사, 맹세코 무슨 일이든 다 하겠으니 눈뜨는 길만 가르쳐 주시오. 무슨 짓이든 다 한다고 아주 부처님께 맹세하지요."

심 봉사는 애원을 하였다.

"우리 절 부처님이 영험이 많으신 건 세상이 다 아는 일 아니오? 우리 부처님께 빌어서 안 되는 일은 없지요."

"암 그렇고말고요. 그럼 부처님께 가서 나도 빌겠소. 이 눈 뜨게 해 주십사고."

"지성으로 빌기도 해야 하지만 그에 앞서……."

"그에 앞서 뭐요? 무슨 짓이라도 한다고 부처님께 맹세했는데, 뭘 그리 어물거리는 거요?"

"난 댁의 가세를 생각해서 말을 못하는 거요. 부처님께 정성을 드리려면 우선 공양미 삼백 석을 시주로 올려야 되는데……."

"아아, 그걸 가지고 그리 어물거리셨소? 그럼 내가 공양미 삼백 석도 올리지 않고 눈을 뜨겠다고 하겠소? 이제 나도 눈을 뜨게 됐구나. 자아, 대사! 빨리 권선문에다 적으시오."

심 봉사는 덩실덩실 춤이라도 출 듯이 좋아하며 적기를 재촉하였다.

"적기는 어렵지 않으나, 댁의 형편을 보니 삼백 석을 주선할 길이 없을 듯하군요."

화주승은 난처해서 말을 꺼낸 것을 후회하였다.

"여보시오, 대사! 이렇게 사람을 업신여기는 법이 어딨소? 빨리 권선문을 꺼내어 '심학규 삼백 석'이라고 적으시오. 어떤 실없는 놈이 영험하신 부처님께 거짓말을 하겠소?"

이렇게 나오자 화주승은 허허 웃고 권선문 첫 장에다,

'심학규 삼백 석'

이라고 크게 적었다.

"자아, 보시오. 이렇게 권선문에다가 적어 넣었소."

"허허, 그건 이 다음 눈뜬 뒤에 보고……."

"자, 그럼 나는 가겠소. 공양미 삼백 석을 곧 올려보내고 절에 와서 지성으로 비시오."

"걱정 마시오. 그리고 내가 성낸 것은 너무 괘념치 마시오. 그럼 잘 가시오."

화주승은 빙그레 알 수 없는 미소를 지으며 사립문을 나섰다.

'내가 눈을 뜬단 말이지? 우리 청이 얼굴을 이 두 눈으로 볼 수 있단 말이지? 눈을 뜬다…… 나도 이제 장님이 아니란 말이지. 됐다, 됐어. 다시 글을 읽어 과거에 장원급제를 하여 금의환향하여 돌아온단 말이지. 그러면 마을 분들, 내가 그 동안 신세진 분들에게 은혜도 갚을 수 있게 된다. 우리 청이도 이제 고생 안 시키고, 좋은 세상 못 보고 간 아내 무덤에도 덩그러니 비석을 세워 주고……'

심 봉사는 눈을 뜬 뒤에 오게 될 갖가지 화려한 꿈에 취해 중얼거리고 있었다. 그러나 차츰 배가 고파오자 아직도 돌아오지 않고 있는 청이가 궁금해졌다.

'이 앤 왜 아직 안 돌아오지? 그 애가 돌아오기 전에 눈을 떴으면…… 그러면 얼마나 좋을까? 그런데…… 공양미 삼백 석을 올려야 된다고 했지? 공양미 삼백 석…… 삼백 석……'

심 봉사의 얼굴은 금세 새파랗게 질리고 말았다. 눈을 뜬다는 기쁨에 춤을 출 듯 기쁘던 마음은 깨끗이 사라지고, 어느 새 그의 마음은 불안으로 뒤덮였다.

'아이고, 이 일을 어쩌면 좋단 말이냐? 내 주제에 공양미 삼백 석을 바치겠다고 권선문에다 올려놓기까지 했으니…… 아이고, 일 났구나. 내가 미쳤지, 미쳤어! 병신 주제에 부처님까지 속이게 됐으니 이 일을 어쩌면 좋단 말인가?'

그는 금세 통곡이라도 하고 싶어졌다. 답답한 가슴을 주먹으로 두들겨 보기도 했다. 입술을 꼬집어 뜯으며,

"이놈의 주둥아리만 살아서, 되든 안 되든 지껄여 댔구나. 이 미련한 심학규야, 어쩌자고 그따위 짓을……"

라고 말하며 급기야 흐느껴 울기 시작했다. 또다시 그의 입에서는 신세 한탄이 흘러나왔다.

"무슨 팔자가 이토록 기구한가. 사물 분간 못하는 장님에, 후덕한 아내

잃고 어린 딸자식 품팔아 근근이 목구멍에 풀칠하는 주제에, 부처님까지 속여 천벌을 받게 됐나…… 삼백 석이 어디 있다고 호기 있게 적어 놨으니…… 장독이며 부엌 살림 다 팔아도 곡식 몇 되 살 수 없고, 장롱 속을 몽땅 뒤집어 내놔도 단돈 닷 냥 어려운 주제에…… 집이나 팔자 해도 비바람 못 가리는 이따위 집을 나라도 안 살 테니, 이 일을 어찌하나? 이 못난 몸, 죽지도 않고 살아서 아내 고생, 어린 딸년 고생시키더니 이젠 부처님도 속여 불지옥에나 가겠구나. 늦게 얻은 혈육 하나, 딸년까지도 벌을 받을 테니, 아이구 이 일을 어쩌나!"

심 봉사는 방 안에서 서러움과 불안으로 몸을 가누지 못하고 엎어져 있었다. 엎드려 방바닥을 쳐 봐도 시원치 않고 가슴을 쳐 봐도 시원치 않았다. 그러므로 그는 청이 들어오는 것조차 몰랐다.

청은 방에 들어서면서부터 무엇인지 느낌이 이상하였다. 으레 방문을 열고 반겨 줄 아버지가 오늘따라 잠잠하셨다.

'기다리시다 지쳐서 잠이 드셨나?'

이렇게 생각하며 섬돌 위로 올라서던 청은 방 안에서 들려 오는 심 봉사의 한숨 소리를 듣고 불안해져 재빨리 문을 열고 들어섰다.

"아버지! 아버지, 이게 웬일이세요?"

아버지의 어깨를 잡아 일으키며 묻는 청의 목소리는 떨렸다.

"오냐, 너 이제 오는구나."

심 봉사는 맥이 탁 풀려 있었다. 그러나 답답한 마음을 감추고, 청의 손을 잡으며 애써 웃음을 지으려고 했다.

"어찌 된 일이세요? 아버지, 제가 늦게 와서 그랬군요. 그런데 아버지 몸이 왜 이렇게 차가워요?"

청은 아버지의 손발을 만져보며 몹시 근심스런 표정으로 물었다.

"아, 아무렇지 않다. 그저 앞개울에 나가 발을 씻다가 좀 미끄러져 물에 빠졌다. 이제 옷도 갈아입었으니 괜찮다. 그래, 넌 재미있었니?"

"네, 그 말씀은 차츰 드리기로 하고 우선 시장하실 텐데 곧 진지 올리겠어요. 그 댁에서 아버지 드리라고 육포와 생선을 주셔서 얻어 왔어요. 추우실 텐데 아랫목에 좀 누워 계세요."

"아니다. 나 밥 생각 없으니 너나 따스하게 지어 먹어라."

청은 이 말에 더욱 당황했다.

"아버지, 제가 늦게 왔다고 아직 마음이 덜 풀리셨어요? 잠깐만 누워 계세요."

청은 우선 밖으로 나왔다. 밖에는 장 승상 댁 부인이 딸려 보낸 하녀가, 이고 온 보퉁이를 마루에 내려놓고 기다리고 있었다.

청은 하녀를 보낸 다음 서둘러 저녁 준비를 하였다.

그런데 저녁상을 들고 들어갔을 때에도, 심 봉사는 넋 나간 사람처럼 멍하니 앉아 있었다.

"아버지, 진지 드시어요."

청은 아버지의 손에 숟가락을 쥐어 드리며 권했다.

"너나 어서 먹으려무나. 난 통 밥 생각이 없다."

심 봉사는 수저를 놓으며 도무지 먹을 생각을 하지 않았다.

"맛있는 반찬 있어요. 그리고 그 댁에서 아버지 옷 해 드리라고 광포도 한 필 주셨는데요. 어서 진지부터 드세요."

청이 다시 이렇게 권했으나 심 봉사는 눈물을 주르륵 흘리며 한숨을 몰아쉬었다.

"아버지, 어디 편찮으신가 봐요."

"아니다, 아무렇지 않다."

"그럼 아버지, 무슨 근심 있으세요? 무슨 일로 그렇게 상심하고 계세요, 네?"

다급해진 청은 밥상을 밀쳐 놓으면서 아버지 곁으로 다가앉았다.

"아무것도 아니다. 네가 알 일이 아니다."

"아버지, 그게 무슨 말씀이세요? 저는 아버지만을 바라보고 살고, 아버지는 저를 믿으시고 무슨 일이나 의논하시더니, 오늘은 무슨 일로 네 알 일 아니라 하세요? 비록 제가 불효하고 있지만, 하실 말씀을 감추시니 마음이 슬픕니다."

청이가 훌쩍훌쩍 우니 심 봉사가 깜짝 놀란다.

"아가 아가, 울지 마라. 너를 속일 리가 없지마는 네가 만일 이 일을 알고 보면, 지극한 네 효성에 걱정을 하겠기에 진작 말을 못하였다. 실은 발을 씻다가 미끄러진 게 아니고, 개울에 빠졌더란다. 네가 더디 오기에 혹시나 하고 조금씩 조금씩 걷다 보니 큰 개울가까지 나갔었구나. 자주 다니던 길이었는데, 네가 돌아다니기 시작한 뒤 길이 변했는지 더듬거리다가 그만 물에 빠졌단다."

"어유, 얼마나 놀라셨어요?"

"한번 물에 빠지니 몸을 움직일수록 자꾸 깊은 곳으로만 빠져 들어가, 영 죽게 되었지. 소리를 질러 봐도 소용없고, 손발을 움직이면 움직일수록 깊은 곳으로 빠져드니……."

"어쩌면……, 그래서요?"

청의 눈에는 걱정하는 빛이 나타났다.

"그런데 이상한 일도 다 있지. 거의 죽게 됐을 때 부처님이 나타나서 나를 구해 주셨단다. 그렇지, 분명 부처님이시지……."

"어머나, 부처님이요?"

"그래, 그 분은 분명 부처님이셨어. 나를 건져 준 것은 지나가던 몽운사 화주승이지만, 부처님이 그 사람을 보낸 게 분명해."

"몽운사 화주승이 마침 그 곳을 지나가신 거로군요?"

"그래서 나를 집에까지 데려다 놓고 내 사정 얘기를 다 묻더니……."

심 봉사는 여기서 말을 멈추고 무언가 깊이 생각하고 있었다. 한동안 생각에 잠겨 있던 그는 각오한 듯 다시 입을 열었다.

"얘기를 다 들은 화주승이 하는 말이, 나더러 눈을 뜰 수 있다고 하지 않겠니?"

"아니 그게 정말이예요? 다시 눈을 뜰 수 있대요?"

"그러게 말이다. 몽운사 부처님이 대단하셔서, 빌어서 되지 않는 일이 없다고 하지 않더냐? 장님이 눈을 뜬 일도 많고, 앉은뱅이가 걷게 되고, 꼽추가 허리를 편 일도 수없이 많다면서 날더러도 눈을 뜰 수 있다고 하시더라."

"정말 부처님이 보내셨군요. 빌면 된다니 내일 당장 몽운사로 기도 드리러 가시지요, 아버지. 제가 모시고 가겠어요. 저도 가서 정성껏 부처님께 빌겠어요."

청은 아버지가 눈을 뜰 수 있다는 얘기에 가슴이 뛰었다.

"아니다, 그런 게 아니야. 이제 눈을 뜨는 게 아니라 천벌을 받게 되었구나. 화주승 얘기가 그냥 빌어서는 안 되고 공양미 삼백 석을 시주해야 된다는구나. 생전에 눈을 떠서 성한 사람이 된다기에 생각도 없이 권선문에다 적기까지 했구나. 삼백 석은 고사하고 단 석 되 곡식 시주도 못 할 주제에, 이제 부처님까지 속이게 됐으니 어쩌면 좋을지 모르겠구나. 내가 주책이지. 일찍 죽지 못해 너에게까지 화 끼칠 짓을 저지르고 말았구나."

"아버지, 그 일이 걱정이 되셔서 그러셨군요. 조금도 걱정하지 마세요. 후회를 하시면 정성이 못 돼요. 아버지께서 어두우신 눈을 뜨고 밝은 세상을 보시게 된다는데, 걱정을 하는 대신 기뻐하셔야지요."

청은 마음속에 밝은 빛이 비치는 것 같았다.

"공양미 삼백 석만 시주할 수 있으면 무슨 걱정이 있겠느냐마는, 아무리 해 보려 한들 우리 형편……."

"걱정 마세요, 아버지. 제가 어떻게 해서든지 공양미 삼백 석을 마련해 보겠어요."

"그건 네 효성에서 하는 말이고, 어린 너의 품팔이로 근근이 사는 형편 무슨 수로 쌀 삼백 석을 마련한단 말이냐? 어림도 없는 소리 말아라. 그러니 내가 내일 몽운사에 가서, 권선문에 공양미 삼백 석 시주한다고 적은 것을 지워 달라고 부탁하는 길밖에 없겠구나."

"아버지가 눈을 뜨신다는데, 모처럼 부처님이 주신 기회마저 놓칠 것은 없어요. 제가 비록 효성이 부족하오나 정성을 다하면 하늘도 감동한다는데, 되는 날까지 정성을 다해 보겠어요. 옛날에 왕상은 얼음을 두드리며 빈 끝에 잉어를 얻어 부모님 병환을 고쳤고, 맹종은 눈 쌓인 산에서 죽순을 얻어 부모님께 효성을 다했어요. 제 효성이 비록 그 분들을 따를 수는 없을지라도 정성을 다하면 하늘이 감복하시게 될지도 모르오니 아무 걱정 마세요."

청은 아버지의 말을 들은 그 날부터 뒤뜰을 깨끗이 하고, 황토로 단을 모아 좌우에 금줄을 매고, 정화수 한 동이를 길어다가 소반 위에 올려놓았다. 그런 다음 분향 재배하고, 합장한 채 무릎을 꿇고 앉아 정성껏 빌었다.

"하늘의 일월성신께 비나이다. 땅 위의 성황님께 비나이다. 그리고 부처님께 비나이다. 하늘의 빛이 해님과 달님이라면 사람에게 있어 빛은 두 눈이온데, 사람에게 두 눈이 없으면 하늘에 해와 달이 없는 것과 무엇이 다르오리까? 그러나 소녀 아비 무자생 심학규, 이십에 눈이 어두워지신 채 사물을 못 보시니 이보다 더 큰 한이 어디 있겠나이까? 소녀의 아비에게 허물이 있거들랑 이 몸으로 대신케 하옵시고, 아비 눈을 뜨게 하시어 천생연분 짝을 만나 오복을 누리며 길이길이 사시도록 굽어살펴 주옵소서."

청은 매일 이렇게 빌었다. 그러나 돌아서면 다시 가슴이 미어졌다.

'공양미 삼백 석이라, 공양미 삼백 석…… 삼백 석을 어떻게 마련하나? 아버지께 자신 있게 말씀을 드려 놓고…… 영험하신 부처님을 속인 죄로 오히려 아버지께서 더 큰 화를 입으시면 어찌하나?'

그러던 어느 날, 귀덕 어미가 와서 말했다.

"이상한 일도 다 봤소."

"무슨 일이 이상한데요?"

"뭐하는 사람들인지 십여 명씩 몰려다니면서 값은 고하간에 십오 세 처녀를 사겠다고 하니, 그런 미친놈들이 어디 있소?"

"아니, 그 말이 정말이에요? 정말 그렇다면 그 사람들 중에 나이 들고 점잖은 사람을 불러 오되, 말이 밖에 나지 않게 조용히 좀 기별하여 주시겠어요?"

귀덕 어미가 그 중 한 사람을 데려오자 청이 그들의 내력을 물었다.

그 사람 대답이,

"우리는 본래 황성 사람으로서 배를 타고 먼 나라에 다니며 장사를 하는 선인들이지요. 배를 타고 수만 리를 다니다 보면, 큰 풍파를 만나기가 일쑤입니다. 특히 명나라로 왕래하는 뱃길에 인당수라는 데가 있는데, 어찌나 변화가 심한지 까딱하면 몰살당하기가 십상이라오. 그런데 십오 세 된 처녀를 제물로 바치면 물길 만 리를 무사히 왕래할 수 있고, 장사도 잘 되어 큰돈을 벌게 된다오. 사는 게 뭔지, 어쨌든 그런 이유로 사람을 사러 다니니, 몸을 팔 처녀가 있으면 값은 관계치 않고 주겠소."

그러자 심청이 나섰다.

"저는 이 동네 사람인데 아버지께서 앞을 못 보십니다. 자나깨나 아버지 눈 뜨시는 게 소원이었고, 아버지께서는 늘 앞 못 보시는 걸 한탄해 오셨습니다. 그러던 차에 몽운사 부처님께서 영험이 있으셔서, 공양미 삼백 석을 불전에 시주하고 정성으로 빌면 눈을 떠서 밝은 세상을 볼 수 있다는 말을 들으셨습니다. 아버지 평생의 소원이었으니 앞뒤 생각 없이 공양미 삼백 석을 권선문에 올리기까지 했습니다. 그런데 그것을 주선할 길이 없어, 제 몸을 팔아서라도 아버지 눈을 뜨게 하는 게 도리라고 생각했어요. 저를 쌀 삼백 석에 사 주십시오."

청은 이제 조금도 떨리거나 더듬거리지 않았다.

"아가씨 얘기를 듣고 보니 더욱 난감하오. 앞 못 보시는 부친의 눈을 뜨게 하기 위해 몸을 판다니 그 효성이 갸륵하오."

오히려 선인의 가슴이 미어터지는 것 같았다.

"왜요? 값은 고하간에 괜찮다 하시더니 삼백 석이 너무 과해서 주저하시나요?"

"아아뇨, 삼백 석이 더 돼도 괜찮습니다만, 아가씨같이 효성이 지극하신 분을 제수로 사 가기가……."

선인은 더 말을 잇지 못했다.

"그런 말씀은 마세요. 어서 저를 사 가기로 결정하시고, 쌀 삼백 석은 내일 몽운사로 보내 주세요."

"알겠소, 그렇게 합시다. 쌀은 내일 아침 일찍 몽운사로 갈 수 있게 오늘 밤부터 서두르겠소."

선인은 큰 결심을 한 듯 이렇게 약속을 하고, 차마 더 있기가 거북한지 돌아섰다.

"잠깐 드릴 말씀이 있습니다. 떠나기 전까지 행여 아버지 마음을 괴롭혀 드릴까 걱정되오니, 절대로 소문이 나지 않게 해 주세요. 꼭 부탁드립니다."

"그렇게 하지요. 그건 염려하지 마시오."

"행선날은 언제인가요?"

"아, 그 얘기를 잊을 뻔했군요. 내달 보름입니다. 물때를 맞추어 배가 떠나야 하니 때를 놓치지 않도록 해 주시오."

선인은 이 말을 남기고 돌아서서 아랫마을로 내려갔다. 청은 한동안 멍하니 서 있다가, 인기척에 정신을 가다듬었다. 귀덕 어미가 이 일을 알아차린 것이다. 청은 귀덕 어미에게도 백 번이나 입단속을 해 말을 못 내도록 한 뒤에, 집으로 돌아와 아버지에게 말하였다.

"아버지."

"왜 그러느냐?"

"공양미 삼백 석을 몽운사로 보내게 됐어요."

심 봉사는 깜짝 놀랐다.

"뭐, 공양미 삼백 석을?"

"네, 장 승상 부인이 도와주시기로 했어요."

"장 승상 부인이 쌀 삼백 석을…… 그 많은 쌀을, 그게 정말이냐?"

심 봉사는 기쁨과 의아심에 어쩔 줄 몰라 되물었다.

"지난번에 잠깐 말씀드렸지만, 그 댁에서 저를 수양딸로 데려가고 싶어 하셨잖아요?"

"음, 그랬지. 그런데 네가 싫다고 했다면서?"

"네, 그 때는 그랬지만 곰곰이 생각해 보니, 제가 수양딸로 팔려 가더라도 아버지의 눈만 뜨게 되면 밝은 광명을 보시며 복되게 사실 것 같아 다시 찾아갔어요. 부처님께 시주하기로 한 내막을 말씀드렸더니 부인께서 쾌히 승낙하시며 내일 쌀 삼백 석을 몽운사로 보내 주신댔어요."

복받치는 설움을 억지로 참으며 이렇게 설명을 하자, 심 봉사는 무릎을 탁 치며 좋아서 어쩔 줄을 몰라했다.

"허허, 그것 참 잘 되었구나. 이제 내가 두 다리를 쭉 뻗고 자게 되었구나. 허허, 거 참, 그렇게 고마울 때가 어디 있나? 너 귀하게 되니 좋고, 나 부처님께 약속 지켜 눈뜨게 되니 좋고…… 세상에 이렇게 좋은 일이 또 있나. 허허, 거 참 아주 잘된 일이구나."

심 봉사는 싱글벙글 웃으며 어쩔 줄을 모른다. 그 좋아하는 모습을 바라보던 청의 두 눈에서 눈물이 주르륵 흘러내렸다.

"그래, 언제 널 데려간다더냐?"

"내달 보름날로 정했어요."

"오, 그래? 보름날이라…… 네가 거기서 살게 되면 비록 나와는 헤어져 살지언정 너무 내 걱정일랑 하지 말아라. 너 잘되는 것이 이 애비의 가장 큰 소원이란다. 몸조심하고, 날 아주 잊지야 않겠지만 나야 한 해에 한 번도 좋고 두 해에 한 번도 좋으니, 승상 부인이 말미를 주시거든 그 때 찾아오너라."

당장 딸이 떠나기라도 하는 듯 몸조심 당부까지 하는 심 봉사의 얼굴에 섭섭한 기색이 완연히 떠올랐다.

"네에."

겨우 대답한 청은 더 말을 하지 못하고 밖으로 나왔다. 그녀는 뒤뜰로 가 아무렇게나 주저앉아, 소리는 내지 못한 채 어깨만 들먹이며 실컷 울었다.

"저 앞 못 보시는 아버지, 혈혈단신 혼자서……."

생각할수록 가슴이 찢어지는 것 같았다.

"기왕에 작정한 일, 나 없는 동안 조금이라도 불편이 없으시도록 준비할 일이나 해 놓아야지……."

청은 눈물을 참고 일어섰다.

그날부터 청은 부지런히 일손을 놀렸다. 철 따라 입을 옷을 꿰매어 따로따로 보자기에 싸서 옷장 속에 넣어 두고, 버선도 홑버선과 겹버선 따로 쌓아 놓고, 갓과 망건도 새것으로 사다가 걸어 두었다. 아버지 혼자서 불편 없이 살 수 있도록 의복 따위를 마련하자니 할 일은 밀리고 밀렸다. 그러는 사이에 보름날이 닥쳐 왔다.

닭 우는 소리에 청의 가슴은 철렁 내려앉았다.

"이제 곧 날이 새겠지. 내가 떠난 뒤 아버지께서 얼마나 애통해하실까? 첫 이레도 지나기 전에 어머님 잃은 핏덩이를 품에 안고, 이집 저집 다니며 동냥젖으로 키워 낸 단 하나의 혈육을…… 그 혈육이 떠난 것을 아신다면 얼마나 원망하실까? 농 안에 마련해 놓은 춘하추동 옷 몇 벌 다 입기 전에 눈을 뜨셔서, 좋은 배필 다시 만나 가문 이을 자손 보시고, 영화를 누리며 사셨으면……. 아버지 눈 뜨신 모습도 못 보고 물속의 외로운 혼이 되는 것이 한이로구나."

이렇게 애통하게 중얼거리며 울먹이고 있는데 또 한 번 홰의 닭이 울었다.

"닭아 닭아, 울지 마라. 네가 울면 날이 샌다. 우리 아버지 마지막 보는 날 돋는 해를 묶어 주기나 해 다오. 네가 울어 날이 새면, 영영 물속으로 떠나는 나는 황천 가신 어머니와도 반댓길로 간단다."

그러나 날은 벌써 희부옇게 밝아 오고 있었다.

"마지막 모시는 아침 진지나 정성껏 차려 드려야지."

부친 진지를 지으려고 문을 열고 나서 보니, 벌써 선인들이 문밖에서 주저주저하며,

"오늘이 행선날이니 쉽게 갈 수 있도록 해 주시오."

하고 말했다.

청은 그 말을 듣고 두 눈에서 눈물이 쏟아지면서 목이 메어 대답했다.

"여보시오, 선인네들. 오늘 행선하는 줄은 내가 잘 알고 있어요. 그렇지만 마지막으로 불쌍하신 우리 아버지 진지나 올려 잡숫게 한 후에 말씀 여쭙고 떠나도록 하겠어요."

이 말에 선인들도 고개를 끄덕이고,

"그리하시오."

하고 허락하였다.

청이 들어와 눈물 섞인 밥을 지어 부친 앞에 올렸다. 진지 많이 드시라고 상머리에 마주 앉아 자반도 뚝뚝 떼어 수저 위에 올려 드리고 쌈도 싸서 입에 넣어 주며,

"아버지, 진지 많이 드세요."

하였다.

"오냐, 많이 먹으마. 오늘은 반찬이 매우 좋구나. 뉘 집에서 제사라도 지냈느냐?"

청이 기가 막혀 속으로만 느껴 울며 참으려고 해 보았으나, 심 봉사는 귀가 밝았다.

"아가, 너 어디 아프냐? 감기가 들었나 보구나. 참 오늘이 며칠이냐? 오늘이 바로 열닷새지, 그렇지?"

청은 저도 모르게 참았던 울음을 터뜨리고 말았다.

"간밤 꿈에 말이다. 네가 금빛 찬란한 옷을 입고 큰 수레를 타고 한없이 가는데, 영롱한 오색 구름이 천지에 자욱하게 일지 않겠니? 아마 오늘 무릉촌 승상 댁에서 너를 가마로 모셔 가려나 보구나."

청이 이 말을 듣고 보니, 큰 수레를 타고 한없이 간다는 것이 영락없

이 자기가 죽을 꿈이었다. 생각할수록 슬픔이 북받쳐 올랐으나 겉으로는 태연하게,

"아버지, 그 꿈 정말 길몽이군요."

하고 말하였다.

밥상을 물리고 담배에 불을 붙여 물려 드린 뒤, 청은 세수를 다시 하고 몸을 단정히 하여 후원 사당으로 갔다. 사당에 주과포를 차려 놓고 엎드려 눈물로 하직하며 빌었다.

"조상님들께 불효 여식 심청이 비나이다. 아버지 눈을 뜨게 하고자 저는 남경 장사 선인들에게 몸을 팔아 인당수로 가오니, 소녀가 죽더라도 아버지 눈을 뜨게 해 주시고 착한 부인 만나 자손 낳고 조상님들 모시도록 굽어살펴 주옵소서."

이렇게 빌고 나오던 청은 마루 끝에 멍하니 혼자 앉아 있는 아버지의 모습이 눈에 띄자, 더 이상 참을 수가 없어 달려가 아버지 무릎에 엎드렸다.

"아버지!"

한 마디 부르고는 더 말을 잇지 못했다.

"아가, 너 우는구나. 네가 정말 회가 동했나 보구나. 횟배는 따뜻한 데 엎드려 있는 게 좋느니라."

영문을 모르는 심 봉사는 딸의 어깨를 일으켜 주며 방에 들어가라고 밀었다.

"아버지, 용서하세요. 제가 아버지를 속였어요. 공양미 삼백 석은 승상 댁에서 준 게 아니에요. 제가 남경 장사 상인들에게 삼백 석에 몸을 팔았어요, 아버지!"

청의 울음은 그치지 않았다.

"뭐, 뭣이 어째?"

"뱃사람들한테 인당수 제수로 팔려, 오늘이 그 행선날이어요. 아버지! 오늘이 제 목소리를 들을 수 있는 마지막 날이에요. 부디 빨리 눈을 뜨셔서 영화를 누리세요."

청은 한번 말문이 열리자 사실을 있는 그대로 털어놓게 되었다.

"아 아니, 네가 어디 아픈 모양이더니, 헛소리를 하는구나. 네가 날 두고 어딜 팔려 가? 얘야, 정신 차려라."

심 봉사는 당황해서 더욱 소리내어 흐느끼는 딸을 안아 일으켰다.

"아버지, 정말이어요. 아버지 눈 뜨시는 게 평생 소원이기에 제 몸을 공양미 삼백 석에 제수로 팔았어요."

곧이듣지 않던 심 봉사가 그제서야 깨닫고 기가 막혀 소리쳤다.

"뭣이! 그게 정말이냐? 네 몸을 팔아서 내 눈을 산단 말이냐? 안 될 소리다. 안 되고말고. 여보시오, 이게 웬말입니까? 딸을 죽여 제 눈을 뜨겠다는 몹쓸 애비가 어디 있단 말이오? 이 세상 금은보화를 다 준대도 바꿀 수 없는 내 딸을 누가 꾀어 냈단 말이오? 아무리 무지막지한 뱃놈들이기로서니 이럴수가 있단 말이냐? 생사람을 잡아먹고 사는 귀신 같은 놈들! 이놈들, 쌀도 싫고 돈도 싫고 내 눈 뜨는 것도 다 싫으니, 썩 들 물러가거라. 제수로 데려가려면 날 데려가거라. 내가 가마. 옛날 칠 년 가뭄에 사람 잡아 기우제를 지낼 때, 탕 임금이 나서서 백성 위해 비는 자리에 사람 죽여 빌어야 한다면 내 몸으로 대신하겠다고 머리 깎고 엎드려 빌었더니 큰 비가 수천 리라. 그런 옛일이 있거니와, 생사람을 제수로 쓴다니 내가 죽으마, 내가 죽어!"

심 봉사는 흥분하다 못해 악에 받쳐 소리를 질렀다.

"아버지, 제발 진정하세요. 모두가 제 탓인 걸 가지고 누구를 나무라세요?"

청이 부축하는 대로 마루에 올라앉은 심 봉사는,

"태어난 지 이레 만에 어미 잃은 너를 안고, 눈비 가리지 않고 다니며 동냥젖 얻어먹여 기를 때엔 너 잘되는 것 보자고 한 것이지, 너를 팔아 내 눈 뜨겠다고 한 짓이더냐? 작은 일이라도 모두 내게 상의하던 네가 어떻게 이럴 수가 있느냐? 너 죽고 내 눈 떠서 뭘 한단 말이냐? 아이구, 이 병신이 죽지도 않고 살아서 딸까지 잡아먹는구나."

하며 딸의 손을 마주 잡고 울음을 터뜨리고 말았다.

"못 간다, 못 가. 나를 두고 너 혼자는 못 간다. 가려거든 나도 함께 인당수로 가자."

심 봉사는 몸부림을 치며 엉엉 울었다. 이 광경을 지켜보던 동네 사람들도 눈물을 흘렸다.

선원 중의 한 사람이,

"우리도 좋은 일 좀 해야겠네. 아무리 멀쩡한 처녀를 사다 제수로 쓰는 장사꾼들이지만 장사는 장사고 인정은 인정이니, 저 불쌍한 봉사 양반 평생 굶지 않고 헐벗지 않도록 십시일반으로 조금씩 모아 드리도록 하지."

하고 말했다.

이리하여 이들 선원 스물네 명이 내놓은 돈이 삼백 냥, 쌀 백 석, 면포와 마포가 각각 한 바리씩 되었다.

"이것을 모두 믿을 만한 마을 사람에게 맡기는 게 좋을 것 같네. 삼백 냥은 논을 사서 착실한 사람에게 주어 해마다 일정량의 세를 받도록 하고, 쌀 중에서 열닷 섬은 올해 양식하도록 봉사 댁에 들여다 놓고, 나머지 여든닷 섬은 장리를 놓아 철마다 찾아다 주도록 말일세. 그리고 면포와 마포는 사철 의복을 짓도록 마을의 부인 몇 사람을 불러다 맡기는 것이 어떻겠소?"

이렇게 선원들이 의논할 즈음에 무릉촌 장 승상 부인이 이 소식을 들고 하녀를 데리고 부랴부랴 달려왔다.

"아니, 이게 웬일이냐?"

승상 부인은 청을 끌어안으며 숨가쁜 소리로 물었다.

"내가 지금 막 이야기를 듣고 쫓아온 길이다만, 세상에 어떻게 그럴 수가 있니? 너의 지극한 효성이 그렇게 한 것인 줄은 내 알겠다만, 그토록 무심할 수가 있니? 내가 너를 안 뒤 친딸과 다름없이 여겨 왔는데, 한 마디 의논도 없이 어떻게 그럴 수가 있어? 내게 와서 진작 상의했던들 내가 널 위해 쌀 삼백 석 주지 못했겠느냐?"

"죄송합니다. 부처님께 드리는 공양은 정성일 텐데 어찌 그리 할 수 있겠습니까? 뼈에 사무치는 어머님 말씀 백골난망이오나……."

"네 정성도 알겠다만, 앞 못 보는 부친을 생각해서라도 그리 해서야 되겠느냐? 내 당장 쌀 삼백 석을 갚아 줄 테니, 늙은 아버지 봉양할 생각이나 하여라."

"미천한 저를 그토록 아껴 주시는 은공 어찌할 바를 모르겠습니다만, 제 정성으로 아버지의 눈을 뜨게 해 드리고 싶습니다. 옛날에도 부모 위해 목숨 버린 사람들은 흔한데, 남달리 아버지 은혜 크게 입고 자란 저의 정성은 이것으로도 부족할지 모르겠어요. 그 크신 은혜 죽은 뒤 혼이라도 남는다면 두고두고 갚겠습니다."

승상 부인이 청의 얼굴을 바라보니, 너무도 진지하고 엄숙한 기색이라 더 이상 권하지도 못하였다.

"내가 너를 만난 뒤에 자식처럼 정을 두어 잠시만 못 보아도 보고 싶은 마음을 억제하지 못하였는데, 네가 죽으러 가는 것을 차마 볼 수가 없구나. 잠깐이라도 머물 수 있으면 화공을 불러 네 모습이나마 그려 놓고 내 생전에 볼 것이니, 조금만 더 있다 가거라."

승상 부인은 화공을 불러들여 청의 고운 자태를 그리도록 시켰다. 청이 승상 부인과 눈물로 이별을 할 때, 구경하던 마을 사람들은 또다시 따라 울었다.

이번에는 심 봉사가 달려들어 청의 목을 안고 통곡을 하였다.

"나도 가자, 나도 가. 너 혼자는 못 간다. 죽어도 같이 죽고 살아도 같이 살자. 나 버리고는 못 간다. 고기밥이 되더라도 나와 함께 되자!"

"아버지, 우리 부녀의 천륜을 끊고 싶어서 끊는 것도 아니고, 죽고 싶어 죽는 것도 아니어요. 정을 생각하면 떠날 수가 없는 것이니, 천명으로 알고 그리하는 수밖에요. 불효 여식 청이는 생각하지 마시고, 아버지 눈을 꼭 뜨셔서 광명 천지 다시 보시고, 착한 사람을 배필로 맞아 아들 딸 낳아 후사를 이어 가도록 하세요."

그러자 심 봉사는 펄쩍 뛰었다.

"애고애고, 그런 말 말아라. 처자 있을 팔자면 이런 일이 있겠느냐. 나 버리고는 못 간다."

그러자 청은 동네 사람들에게,

"소녀는 동네 여러 어르신들을 믿고 떠납니다. 부디 우리 아버님 잘 좀 보살펴 주세요."

하며 인사를 드렸다.

인사를 마친 청이 선원을 따라 나서니 동네 사람 모두가 안타까운 마음으로 통곡을 하였다. 사립문을 나와 보니, 청의 친구들이 와서 청을 붙들고 눈물을 보였다. 또 한 번 동네는 울음바다가 되었다.

"이제 그만 들어들 가. 어려서 소꿉장난, 그네뛰기, 겨울밤의 바느질도 모두 함께 하며 백 년 두고 두터이 지내자던 정을 내가 그만 끊고 떠나는구나. 의지 없는 우리 아버지, 나를 봐서라도 틈을 내어 찾아와 위로해 다오."

소리소리 지르며 뛰쳐나오는 아버지의 애처로운 모습을 뒤돌아보고 또

뒤돌아보며, 뱃사람들을 따라가는 청의 모습을 마을 사람들은 눈물을 닦으면서 지켜보았다.

잘 가라는 인사도, 어떤 말도 할 수 없는 순박한 마을 사람들은 모두가 자신의 일처럼 가슴이 아프고 쓰라릴 뿐, 더는 어찌할 도리가 없었다.

눈물을 흘리며 배가 떠나는 바닷가까지 따라나온 귀덕 어미는, 뱃전에 오르는 청이를 붙들고 찢어질 듯한 가슴으로 애를 태우며 청이의 팔을 놓을 줄을 몰랐다.

"유모! 이제 들어가세요."

간신히 귀덕 어미를 떼어 놓은 청은 배 안에 털퍼덕 엎어져 버렸다. 행선을 알리는 북소리가 둥둥 울려 퍼졌다. 그러나 청은 배 위에 쓰러져 한참 동안 정신을 잃고 말았다.

북소리도 그치고 사방이 조용해지자, 정신이 든 청은 고개를 들었다.

　뱃사람들은 아무 말 없이 먼 바다만 바라보고 있었다.

　바다에는 이따금씩 갈매기만 오락가락 날아오를 뿐이었다. 해안 쪽으로 눈을 돌린 순간, 청의 가슴은 또 한 번 울컥 미어져 왔다.

　가물가물하게 바라보이는 해안에는 아직도 마을 사람들 몇몇이 서 있었고, 그 가운데 몸부림치고 있는 사람은 심 봉사가 틀림없었다.

　멀리 낯익은 산과 논밭, 그리고 과일나무들로 뒤덮인 도화동 마을의 아늑한 모습이 보였다.

　"아버지!"

　나직이 불러 보고 청은 다시 쓰러지고 말았다. 배는 하염없이 앞으로 앞으로만 미끄러지듯 나아갔다. 뱃사람들은 배 안에서 쌀을 씻고 불을 피우며 식사 준비를 했으나, 청은 죽은 듯 뱃전에 기대어 앉아 바다만 바라보았다.

밤은 점점 깊어 갔다. 어디쯤 왔는지 알 길도 없었다. 배는 끝없는 바다 한가운데를 그대로 미끄러져 갈 뿐이었다. 사공 몇 사람은 한쪽에 쓰러져 잠이 들었다.

자정이 지났을까, 청의 앞으로 관을 높이 쓴 두 사람의 부인이 나타났다.

"심 소저! 괴이하게 생각하지 말아라. 우리는 성군 유우씨가 남쪽에 나가셨다가 창호산에서 돌아가시니, 성군 없는 세상에서 우리만이 한가하게 살 수 없어, 소상강 대수풀에 피눈물을 뿌리며 울다가 물에 빠져 죽은 사람들이란다. 우리들의 피눈물이 대나무 가지마다 아롱져, 지금도 동정호의 전설이 우리 얘기를 전하고 있구나. 너는 지극한 효성으로 물에 빠져 떠난다니 그처럼 가상한 일이 또 어디에 있겠느냐. 부디 수로 만 리 먼 길을 잘 다녀오너라."

그러더니 금세 두 부인의 모습이 사라지고 말았다. 소상강 두 왕비의 이야기를 기억하고 있는 청은 정말 이상한 일도 다 있다 싶어 정신을 차리려고 애썼으나 머릿속은 여전히 혼미하였다.

잠시 후 가벼운 풍랑이 일더니, 가죽으로 몸을 감싸고 두 눈을 꼭 감은 사람이 울면서 청이 앞에 나타났다. 깜짝 놀라서 소리를 지르려고 하였으나, 소리는 목 안에서만 맴돌 뿐 밖으로 나오지를 않았다.

"놀라지 마라. 나는 옛날 오나라의 자서라는 사람이니라. 우리 성상이 귀비의 참소를 듣고, 나를 죽인 뒤 가죽으로 몸을 싸서 물에 던져 버렸단다. 그래도 어지러운 조정의 간신들이 행패 부리는 속이 궁금하여 두 눈을 빼어 동문 위에 걸어 놓고 왔느니라. 나라와 임금을 위하는 마음이나, 부모를 위하는 마음이나 다를 건 없지. 네 마음을 나는 잘 알고 있느니라."

오나라의 충신 오자서의 혼이 나타나 청을 위로하고 갔다.

이렇게 옛날 물에 빠져 죽은 충신 열녀의 혼이 나타나 아버지를 위해 물에 빠져 죽으려는 심청의 마음을 달래 주었다. 다음 날 밤에도 이런 혼들이 계속 청이 앞에 나타나곤 했다.

문장가로 유명했던 충신 굴원도 나타났다.

"나는 초나라 사람 굴원이니라. 회왕을 섬기다가 간신들의 참소를 당해 더러운 마음을 씻으려고 물에 빠졌느니라. 우리 임금 죽은 뒤에나 모셔 보고자 물에 몸을 던지니, 충과 효는 서로 같은 것! 그래서 내가 너를 위로하러 왔느니라. 부디 편히 가거라."

굴원은 이렇게 위로하고 사라졌다.

배는 드디어 닷새 만에 인당수에 닿았다. 돛을 내리자 광풍이 불고 큰 파도가 소용돌이쳤다. 광풍에 나부끼는 나뭇잎처럼 흔들리던 배는 어느새 닻줄이 끊어지고 돛대도 부서지고 말았다.

뱃사람들은 고사 준비를 서둘렀다. 몸을 제대로 가누지 못하여 이리 몰리고 저리 몰리고 하면서 준비를 했다. 바람은 계속 불고 시커먼 구름이 하늘을 뒤덮었다. 안개가 자욱하게 몰려와 한낮인데도 사방은 한밤중처럼 캄캄했다.

그들은 밥을 짓고, 큰 돼지를 통째로 잡고, 큰 칼을 꽂아 정하게 받쳐 놓았다. 삼색 과일과 오색 단속을 차려 놓고, 술은 동이째로 네 방위마다 한 동이씩 차려 놓았다.

뱃사람들은 청을 목욕시키고 소복으로 갈아입힌 뒤, 뱃머리로 보냈다.

그들은 모두 무릎을 꿇고 앉아 있었다. 맨 앞에 앉은 도사공이 양손에 북채를 들었다. 요란하던 바람도 차츰 멎고 물결도 잔잔해지기 시작했다. 정오의 태양이 머리 위에서 밝게 빛나고 있었다.

북채를 쥔 도사공이 일어서서 큰절을 올린 뒤 북채를 높이 들더니 둥둥 북을 울리기 시작했다. 북소리는 차츰 빨리, 그리고 세어지면서 기도

가 시작되었다. 뱃사람들은 모두 꿇어 엎드렸다.

"태고에 헌원씨를 만들어 주셔서 그 은공 망극하오이다. 하우씨는 배를 타고 3년간 홍수를 다스렸고, 제갈공명은 동남풍을 빌어 배를 타고 조조의 백만 대군을 무찔렀으니, 이 모두 헌원씨의 은공이오다. 오늘날 우리가 상선으로 멀리 교역하여 생계를 잇는 것도 배가 없으면 어이 하리오. 우리 모두 스물네 명, 열다섯 살부터 배를 타고 멀리 장사 다니는 몸, 생업이 이것뿐이니 부디 돌봐 주옵소서. 동해의 신 아명님, 남해의 신 축융님, 서해의 신 거승님, 북해의 신 우강님께 비나이다. 저희 정성 한데 모아 이 곳 인당수에 제수를 바치오니 기쁘게 받아 주소서. 그리고 저희들의 바닷길을 돌보아 주소서. 순풍을 주시고 좋은 길 인도하여 천만 금 벌도록 해 주소서."

이렇게 빌고 북을 둥둥 치며 북채로 청의 등을 밀었다. 눈을 감고 합장한 채 앉아 있던 청은, 이제 정말 마지막이라는 생각에 정신이 아득해졌다. 청은 우뚝 일어서 다시 합장하더니,

"비나이다, 비나이다. 미천한 이 한 몸 죽는 것은 조금도 서럽지 않사오나 앞 못 보시는 우리 아버님, 천지의 깊은 한을 풀고자 죽음을 당하오니. 황천은 굽어살피시어 아버님 어둔 눈을 불원간 밝게 해 주시어 광명 천지 보게 해 주소서."

하며 팔을 들어 다시 합장하고 도화동 쪽을 향했다.

"아버지, 저는 이제 갑니다. 어서 눈을 뜨세요."

또한 뱃사람들에게도,

"여러 선인들, 편안히 가십시오. 장사에 성공하여 억십만 금 이문을 얻어 이 물가를 지나거든, 나의 혼백을 불러 객귀나 면하게 하여 주시오."

하고 인사를 고했다.

잠시 바다 쪽을 바라보던 청은 결심을 굳힌 듯 치마폭을 뒤집어쓰고 풍덩 물 속으로 뛰어들었다.

한편 무릉촌 장 승상 부인은 심 소저와 이별을 하고 애닲은 마음을 이기지 못하여, 심 소저의 화상 족자를 벽에 걸어 두고 날마다 청을 생각하며 바라보았다.

그런데 하루는 족자 빛이 검어지면서 화상에 물이 흘렀다. 부인은 이것을 보고는 청이 이제는 죽었다는 것을 알고 간장이 끊어지는 듯, 가슴이 터지는 듯 기가 막혀 울고 말았다. 그런데 잠시 후, 무슨 일인지 족자 빛이 다시 완전히 새로워지니 마음이 이상해졌다. 이는 필시 누군가의 구원을 받아 목숨을 건진 것인지도 모를 일이었으나, 창해 만 리의 소식이라 도저히 알 수가 없었다.

승상 부인은 그날 밤 삼경 초에 제전을 갖추어 하녀에게 들게 하고, 강가로 나아가 백사장 깨끗한 곳에 주과포를 차려 놓고 축문을 높이 읽어 청의 혼을 위로하며 제사를 지냈다.

"심 소저야, 네 죽음이 진실로 아깝도다. 부친의 눈을 뜨게 하는 것이 평생의 한이 되어 스스로 고기밥이 되었으니 그 효성 가상토다. 가련하고 불쌍한 네 영혼을 위로하고자 내 왔노라. 하느님은 어찌하여 너를 보내어 그렇게 죽게 하며, 귀신의 재주도 너를 살릴 줄은 몰랐나 보구나. 생전의 네 모습, 네 목소리가 항상 내 곁에 있는 것만 같다."

승상 부인은 이렇게 외치며 분향을 했다.

이튿날 승상 부인은 효녀 심청을 생각하며 '망녀대'라는 정자를 세우라고 하였다. 부인은 매달 초하루와 보름에 잊지 않고 망녀대에 나가 청을 그리워하며 명복을 빌곤 하였다. 이를 본 도화동 사람들도 청의 효심을 생각하여 망녀대 옆에 그 효를 기리는 비석을 세웠다. 그리고 비문에는 이렇게 적어 놓았다.

> 도화동 심청이 나이 열다섯에 눈 먼 부친의 눈을 뜨게 하고자 죽음의
> 길을 택하였도다. 스스로 몸을 죽여 효도를 다하고자 한 소저의 높은
> 뜻을 여기 마을 사람들이 새겨 놓았다.

강 머리에 이 비를 세워 놓으니 오가는 행인들이 그 비문의 글을 보고 눈물짓지 않는 사람이 없었다. 그들은 이 세상처럼 억울하고 고르지 못한 세상은 다시 없을 것이라고 생각하였다. 가난하고 약한 사람은 그 부모가 낳아 주신 몸과 하늘이 주신 귀중한 목숨을 보전하지 못하고, 심청 같은 큰 효녀가 태어나도 가련하게 인당수에 몸을 던지지 않으면 안 되었으니 말이다. 그러나 그녀가 빠진 곳은 이 세상을 이별하고 간 높은 하늘의 세상이니, 하느님의 능력이 한없이 큰 세상인지도 모를 일이었다.

인욕에 눈이 어두운 세상 사람과 말 못하는 부처는 심청을 돕지 못하였거니와, 인당수 물귀신이야 어찌 심청을 모르겠는가.

그 때 옥황상제께서 사해 용왕에게 분부하기를,

"오늘 오시 초각에 인당수 바다 한가운데에 큰 효를 행한 심청이 물에 떨어질 터이니, 그대들은 기다리고 있다가 수정궁으로 맞아들일 준비를 하라. 준비를 하되, 만일 시각을 어길 때에는 사해 수궁 제신들이 죄를 면치 못할 것이니라."

하였다.

그렇게 분부가 지엄하니 사해 용왕들이 깜짝 놀라 별주부와 백만 칠갑 제장이며, 시녀들에게 명하여 백옥 교자를 등대하고 그 시각을 기다리고 있었다.

과연 오시 초각이 되자 백옥 같은 한 소저가 물 속으로 떨어지니, 여러 선녀들이 옹위하여 심 소저를 고이 모시어 교자에 앉혔다.

그 때 심 소저가 정신을 차려 사양하며 말하였다.

"저는 인간 세상의 미천한 몸인데 어찌 용궁의 가마에 타오리까."

그러자 여러 선녀들이 말했다.

"상제의 분부시오니 만일 지체하시면 사해 수궁들 모두가 탈이 날 것이니 지체 말고 어서 오르십시오."

청이 사양하다 못하여 교자에 올라앉으니, 여러 선녀들이 옹위하여 수정궁으로 들어갔다. 청을 맞이하여 궁녀들이 양쪽으로 나누어 늘어서자, 풍악이 드높게 울리기 시작했다. 교자에 탄 청은 영문을 몰라 사방을 두리번거렸다. 청의 교자가 와 닿자 용상에 앉아 있던 용왕이 일어나 청을 맞으려고 층계를 내려왔다. 용왕은 수줍어하는 심 소저의 손을 잡아 일으켰다.

"심 낭자여, 수륙 천 리 먼 길을 이처럼 찾아 주니, 과인의 기쁨 여기에서 더함이 없소."

"인당수 깊은 물에 수중 고혼이 될 몸이 구원을 받자온 것도 황송하거니와, 이같은 대접을 받자오니 크나큰 은혜 갚을 길이 없사옵니다."

청이 공손하게 말했다.

"모두가 옥황상제의 분부시오. 낭자를 이 곳에 모신 것도, 또 여기 잠시 머물러서 돌아가신 어머님을 뵙도록 정하신 것도 다 옥황상제의 분부입니다."

"네? 돌아가신 어머님을?"

"낭자의 어머니 곽씨 부인이 하늘에 올라가 옥진 부인이 되셨는데, 오늘 여기로 오셔서 모녀가 만나게 될 것이오."

"아! 어머님을……."

"자아, 낭자를 어서 모시어라!"

용왕의 어명이 떨어지자 은은한 선악이 울려 퍼졌다.

용왕은 청을 부축하여 후원으로 안내하였다.

하늘에는 오색 채운이 어려 있고, 우렁찬 노랫소리가 궁 안에 울려 퍼졌다. 그런 가운데 옥진 부인이 오른쪽에는 단계화, 왼쪽에는 벽도화를 꽂고 옥교자에 높이 앉아 하늘에서 내려왔다. 청은 눈이 부신 듯 고개를 숙였다.

"청아! 머리를 들라! 너는 나를 모르리라. 내가 너의 어미로다. 상제의 분부 급하여 얼굴도 채 못 보고, 젖 한 번 제대로 못 먹이고 떠나온 것이 철천지 한이었다."

"어머니! 이것이 진정 꿈이 아니옵니까?"

"청아, 틀림없는 네 어미로다. 앞 못 보는 아버지를 어린 네게 맡기고 온 박정한 네 어미로다."

옥진 부인이 자애롭게 청을 향하여 두 팔을 벌리자, 청은 그 품 안으로 뛰어들었다.

"어머니!"

청은 옥진 부인의 가슴에 얼굴을 묻고 흐느껴 울기 시작했다.

"이슬 같은 이 목숨이 동냥젖을 얻어먹고 근근이 자라나서 어머니를 뵈옵고자 평생 소원이더니 이제 여한이 없습니다."

"울지 마라, 내 딸아! 얼굴 모양 손길까지 어찌 그리 나를 닮았느냐! 고사리 같던 손이 마디마디 굵어졌으니, 가난한 살림살이에 얼마나 시달렸는지 넉넉히 알 수 있구나!"

청이 꿈에도 그리던 어머니 품에 안겨 밥 빌어 아버지 모시던 일, 바느질로 살던 이야기, 승상 부인이 저를 불러 모녀의 연을 맺은 후에 태산 같은 은혜를 베푼 일과 귀덕 어미의 은혜를 낱낱이 다 고하니 그렁

저렁 여러 날이 지났다.

하루는 옥진 부인이 청에게,

"청아, 나는 전생 인연이 끊어지고 유명의 길이 달라 너와 함께 살지 못하지만, 네 소원 이루어져 너는 다시 아버지를 만날 수 있으리라."

하였다.

"아이고, 어머니! 유명의 길이 다르다 하시니 그럼 저는 어머님을 모실 수가 없습니까?"

청은 애가 타서 여러 번 되물었다.

"나는 상제의 명을 받아 오래 이 곳에 머물지 못할 몸이란다."

청은 서러움에 못 이겨 옥진 부인의 가슴에 얼굴을 묻고 한없이 흐느 꼈다. 그 곳에서의 사흘이 인간 세상의 세월로는 2년이었다.

옥진 부인은 청을 안아 일으키며,

"내가 이제 떠날 시간이 되었으니 청아, 어서 일어나거라. 언제 다시 만 날 때가 있으리라. 그 때까지 부디 아버님을 모시고 몸 성히 잘 있거라."

하고 나서 홀연히 간 곳이 없었다.

다만 풍악 속에 하늘로 뻗친 무지개만 찬란하였다.

어머니를 이별한 청의 마음은 그 어느 것도 흥겹지 않고 쓸쓸하기만 하였다. 그러던 어느 날 용왕은,

"듣거라, 옥황상제께옵서 일구월심 아버지를 생각하는 심 소저의 소원을 가상히 여기시고, 속히 인간으로 돌아가서 갖은 영화를 누리게 하랍시는 분부이시니, 옥련화 꽃수레로 지체 말고 모시어라!"

하는 명을 내렸다.

"미천한 저의 몸을 이렇듯 다시 살려, 아버님 살아 계신 인간 세상으로 보내 주신다니, 크나큰 은혜 갚을 일이 없사옵니다."

"타고난 효녀 심 소저의 소원이 이루어지기를 바랄 뿐이오."

청은 꽃수레에 올라앉아 고개 숙여 용왕께 마지막 인사를 하였다. 그러자 꽃잎은 오므라들어 꽃봉오리로 변했다. 꽃수레는 풍악에 맞추어 서서히 행렬을 지어 궐문 밖으로 떠나갔다. 그리하여 인당수 푸른 물결 위에는 한 송이 탐스런 옥련화가 둥실 떠올랐다.

때맞추어 도사공들이 북을 치며 제를 지내던 중이었다. 남경으로 장사하러 갔던 상인들이 심 소저의 덕택으로 무사히 뱃길을 떠나 억만 금 이문을 내어 돛대 끝에 큰 깃발을 꽂고 웃음꽃을 피우며 돌아오다가 인당수에 당도한 것이었다. 그들은 청의 부탁을 들어 큰 소와 동이 술, 그리고 여러 가지 과실을 차려 놓고 청의 가련한 고혼을 위로하고 있었던 것이다.

"불쌍한 심 낭자, 수중 고혼 되었으니 애달프고 불쌍한 말 어찌 다 하오리까? 우리 여러 뱃사람들은 심 소저로 인연하여 억만 냥의 이문을 남겨 고국으로 돌아가려 하는데, 아름다운 낭자의 영혼은 어느 때나 오시려오? 가다가 도화동에 들러 소저의 부친 평안한가 안부나 전하오리다."

도사공도 울고 여러 선원들이 모두 곡을 하였다. 그러던 중 한 선원이 문득 앞을 바라보다가 이상한 향기를 풍기는 꽃 한 송이가 두둥실 떠오르는 것을 발견하였다. 도사공은 놀라서 소리쳤다.

"아니, 저게 웬 꽃이냐?"

"천상의 월계환가!"

"요지의 벽도환가!"

"아냐, 그럴 리가 없어! 이 푸르고 드넓은 바다 한복판에 무슨 꽃이란 말인가? 심 낭자의 슬픈 넋이 아닌가 몰라."

이렇게 말들이 구구할 때 흰 뭉게구름이 갈라지면서 푸른 옷을 입은 선관이 공중에서 학을 타고 크게 외쳤다.

"놀라지 말아라. 그 꽃은 강선화이니라. 아무 말 말고 조심조심 모셔다가 대왕전에 진상하거라. 만일 입 밖에 내어 그렇게 하지 않으면 큰 벼락을 내리리라."

뱃사람들은 그 말을 듣고 깜짝 놀라서 꽃을 고이 건져 배에 모신 후에 파란색 포장을 둘러쳤다. 닻을 감고 돛을 다니 순풍이 절로 일어 배는 순식간에 해안에 닿았다.

때는 경진년 삼월이었다. 뜻하지 않게도 왕은 왕후의 상사를 당해 수심이 가득한 나날을 보내고 있었다. 조신들은 이러한 임금의 마음을 달래 보려고 황황급급 분주하게 온갖 노력을 기울여 보았으나 모두가 허사였다. 그러던 어느 날, 왕은 신하들에게 진기한 꽃을 구해 오라고 분부하였다.

나라 안의 특이한 꽃이란 꽃은 모두 구해서 임금님의 후원에다 심어 놓으니 그 모양이 장관이었다.

수홍련화 · 옥지갑 · 금선화 · 국화 · 한매화 · 홍도화 · 계화 · 살구꽃 · 앵도꽃 · 모란화 · 두견화 · 영산홍 · 난초 · 파초 · 석류 · 유자 · 머루 · 다래 · 철쭉 · 진달래 등 오만 가지 꽃들이 하루아침에 봄을 만난 듯 앞뜰과 뒤뜰에 활짝 피니, 상심에 젖어 있던 왕은 차차 마음이 안정되고 즐거움에 이르게 되었다.

마침 그 때 남경의 장사꾼인 뱃사람들이 진기한 꽃 한 송이를 임금님에게 진상해 올렸다. 향기가 진동하는 것이 지상의 꽃이 아닌 듯하였다.

대궐 안의 밤은 달빛이 고왔다. 달빛 어린 꽃밭에 온갖 꽃들이 만발하고, 수양버들 늘어진 연못 한복판에 유난히 빛나는 큰 옥정연화 꽃봉오리가 둥실 떠 있었다.

평상에 비스듬히 누운 왕은 깜박 잠이 들었는데, 양쪽 향로에서 그윽한 연기가 피어오르고 있었다.

"왕후 잃으심을 옥황상제께옵서 아시고, 안타까이 여겨 인연을 보내셨으니 어서 바삐 살피소서."

잠을 깬 왕이 벌떡 일어나 주위를 살폈으나 꿈을 꾼 것이었다.

"구름을 타고 내려온 선인의 말이렷다! 인연을 보내 주셨다니……."

왕은 달빛을 받으며 산란한 마음으로 연못가를 거닐었다. 승지가 왕의 뒤를 따랐다.

왕이 연꽃을 보고 말했다.

"과연 지상에서는 보기 드문 연꽃이로다!"

"바로 남경의 장사 사공들이 바다 한가운데서 건져 온 꽃이온데, 뿌리도 가지도 없나이다."

"이상한 일이로다. 천상화가 아니면 강선화에 틀림없구나!"

왕이 지그시 바라보며 발길을 멈추고 있으니 홀연히 꽃 속에서 한 낭자가 나타났다.

"꽃 속의 귀인이여, 그대를 해칠 사람이 아니니 놀라지 마오. 그대는 어느 나라 귀인인데, 꽃 속에 몸을 숨겨 이 곳까지 이르게 되었는가?"

왕이 청을 맞으며 물었다.

"소녀는 황주 도화동 사는 심 봉사의 외딸로서, 아버님 눈을 뜨게 하려고 인당수에 몸을 바친 심청이로소이다."

"그렇다면 사람임에 분명할 터인데, 꽃 속에 있음은 어찌 된 연유인가?"

"사람의 일이란 알고도 모를 일, 소녀의 정성이 부족함인지 전생의 죄가 너무도 무거워서인지 옥황상제께서 용납하시지 않는 터에, 용왕 마마 분부 계시어 옥정연화에 의탁되어 인간으로 환송되었나이다."

"알겠도다…… 용왕 마마의 뜻이 있어 짐짓 내게 보내려 하심이니 내가 궁으로 인도하여 편안히 쉬게 할지어다."

시녀들이 받들어 모시고 가자, 왕 앞에 승지가 엎드려 고하였다.

"중전 마마께서 승하하신 후 상감 마마 외로우심을 하늘이 아옵시고, 인연을 보내시어 나랏일을 무궁토록 하옵심이 분명하오니, 속히 중전 마마로 간택하시어 내궁을 보살피도록 하옵소서."

"과연 아까 그 꿈이 맞았도다!"

이 일이 있은 후 왕의 용안에 차츰 수심의 빛이 사라져 갔다. 궁녀들의 입에선 이런 노래가 흘러나왔다.

피었네 피었네 옥정연화 피었네
옥정연화 효녀꽃 남해 용왕 조화로다
봄빛 잃은 대궐 안에 상감 마마 뵈올 적에
옥정연화 피었네 의젓하고 얌전할사
가작없이 귀한 지조 옥정연화 효녀꽃

왕은 날을 받아 왕후 간택을 경하하는 잔치를 베풀었다. 대궐 안에 핀 화초들도 다투어 축하하듯 봄비를 맞아 싱싱하게 너울거렸다.

이로부터 심 왕비의 어진 덕이 세상에 가득하니, 조정 문무 백관과 만백성들이,

"왕비 마마 어진 성덕 만수무강 하옵소서."

하고 복을 빌었다.

이 때에 심 봉사는 딸을 잃고 실성하여 날마다 탄식하며 날을 보냈다. 녹음 방초는 한이 되고, 지지배배 우는 새는 심 봉사를 비웃는 듯,

산천은 막막하고 물소리 또한 처량하였다.

도화동 안팎의 동네 사람들이 자주 와서 안부도 묻고 가고, 정담도 나누다 가고, 딸과 같이 놀던 처녀도 종종 인사를 하고 갔지만, 서러운 마음은 계속 쌓여만 갔다.

제 몸보다 귀한 딸이 죽는 꼴을 보고 목석같이 살았으니 이런 팔자가 또 세상 어디에 있는가 싶었다. 이렇듯 눈물과 한숨을 지으며 세월을 보내고 있었지만 그래도 인간에게 끊을 수 없는 것은 하늘이 맺어 준 인연이었다.

심 왕비 또한 귀중한 몸이 되긴 하였으나, 앞 못 보는 아버지 생각에 잠겨 홀로 앉아 탄식을 하였다.

"불쌍하신 우리 아버지 살아나 계시온지…… 부처님이 영험하시어 얼마 안 있어 눈을 뜨시어 정처없이 다니시나."

왕이 내전에 들다가 두 눈에 눈물이 고인 채, 수심에 쌓인 왕비를 보고 물었다.

"왕비, 편치 못한 얼굴이니 어찌 된 일인지 말해 보오."

심 왕비는 나직이 여쭈었다.

"저는 용왕의 덕을 입어 인간 세상으로 다시 돌아와 귀한 몸이 되었사옵니다. 하지만 천지 인간 병신 중에 소경이 제일 불쌍할지온대, 아버님 생각을 하면 가슴이 아픕니다. 하오니 천하에 명을 내리시어, 맹인들을 불러 잔치를 베풀어 주옵시면 소첩의 천륜을 찾을 수 있을까 하오니, 이 또한 나라의 경사가 아니오리까."

그러자 왕이 크게 웃으며 칭찬하는 말이,

"왕비는 과연 뛰어난 효녀로소이다."

하고는 즉시 사방으로 사령을 놓아 청의 아버지 심 봉사를 찾게 하였다.

한편 심 봉사는 이태 전에 딸 죽인 게 창피하다고 도화동을 떠났는데, 그 이후 아무도 그의 거처를 몰랐다.

왕은 지체없이 날을 받아 궁중에서 맹인 잔치를 베풀어 팔도의 맹인들을 빠짐없이 불러들이라는 명을 내렸다.

청은 왕의 은혜에 감사하며 아버지 뵈올 날만을 손꼽아 기다렸다.

그리하여 말일에 궁중에서 맹인 잔치를 연다는 칙명을 선포하니, 각 도와 군에서 거리마다 게시하여 노소 맹인들을 대궐로 올려 보냈다.

그 중에 병든 소경이 있으면 약을 달여 조리시켜서 올려 보내고, 빠지려 하는 소경은 볼기를 때려 올려 보내니, 젊은 맹인 늙은 맹인 할 것 없이 모두 궁중으로 올라갔다. 그러나 심 봉사의 행적은 묘연했다.

심 봉사의 고생은 세월이 갈수록 더욱 심해졌다. 뺑덕 어미라는 계집이 심 봉사의 가산을 탐내어 첩이 되었다가 결국 심 봉사의 가세를 결딴내버렸다.

그녀의 행짜는 말로 표현하기 어려울 정도였다. 쌀을 주고 엿 사 먹기, 벼를 주고 고기 사 먹기, 잡곡으로는 돈을 바꿔 술집에서 술 먹기, 이웃집에 밥 부쳐 먹기, 빈 담뱃대를 손에 들고 보는 대로 담배 청하기를 예사로 했다.

거기에다 이웃집에 욕 잘하고, 친구들과 싸움 잘하고, 정자 밑에서 낮잠 자고, 술 취하면 한밤중에 길게 목놓아 울음 울고, 그것도 모자라 동네 남자를 유혹하기까지 하였다.

또 일 년 삼백육십 일 내내 입을 잠시도 쉬게 내버려 두지 않고 집안의 살림살이를 홍시감 빼 먹듯 야금야금 없애 버리고, 유월 까마귀 곯은 수박 파 먹듯 심 봉사의 재물을 밤낮으로 파 먹었다.

하루는 심 봉사가 뺑덕 어미를 불러,

"이보소, 우리 형세가 매우 착실했었는데, 지금은 얼마 되지도 않아 내가 도로 빌어먹기 쉬운즉, 차라리 타관에 가 빌어먹어야겠소. 여기서는 부끄러우니 이사를 가면 어떠하겠소.”

하고 물었다.

“하라는 대로 하지요.”

“그런데 동네 사람에게 진 빚은 없소?”

“내가 줄 것이 조금 있소.”

“얼마나 되나?”

“뒷동네 높은 주막에 술값이 마흔 냥.”

심 봉사 어이가 없어서,

“잘 먹었다. 또 어디?”

하며 다그치듯 물었다.

“저 건너 불똥이 함씨에게 엿 값이 서른 냥, 안촌에 담뱃값이 쉰 냥, 기름 장사한테 스무 냥.”

“기름은 무엇에 썼나?”

“머릿기름 했지.”

한참 이렇듯 묻고 대답하던 심 봉사는 그 재물을 생각하니 딸 생각이 더욱 간절해졌다.

홀로 강변으로 뛰쳐나가,

“내 딸 청아, 너는 어이 못 오느냐. 인당수 깊은 물에 빠져, 네가 죽어 황천 가서 네 어머니 뵈옵거든, 모녀간의 혼이라도 나를 어서 잡아가거라.”

하며 울부짖었다.

이 때 관원이 쫓아와서,

“여보 봉사, 관가에서 부르시니 어서 바삐 갑시다.”

하였다. 그러자 심 봉사는 깜짝 놀라서 말했다.

"나는 아무 죄가 없소."

"그게 아니라 궁중에서 맹인들을 불러 잔치를 베푼다고 하니, 어서 급히 관가로 갑시다."

그리하여 심 봉사가 관원을 따라 관가에 들어가니 분부하기를,

"궁중에서 잔치를 베푸신다 하니 어서 올라가라."

했다.

"옷도 없고 노자도 없으니 어찌 그 먼 길을 가겠소."

관가에서도 심 봉사의 처지를 아는지라, 노자를 내어 주고 옷도 내어 주며 어서 바삐 올라가라 하니, 심 봉사가 하릴없이 돌아와 마누라를 부른다.

"뺑덕이네."

뺑덕 어미는 심 봉사가 홧김에 물에 빠져 죽은 줄 알고 남은 살림을 챙기며 좋아하다가, 급히 대답하였다.

"네, 네."

"여보게 마누라, 오늘 관가에 갔더니 궁중에서 맹인 잔치를 한다고 날더러 가라 하니, 그 동안 집안을 잘 살피고 나 올 때까지 기다리시오."

"아낙은 반드시 남편을 따라야 한다는데, 나도 같이 가겠소."

"자네 말이 고마우니 같이 가 볼까. 그러면 건넛마을 김 장자에게 돈 삼백 냥 맡겼으니 그 돈 중에 오십 냥만 찾아 가지고 가세."

"에그 봉사님, 딴소리 하시네. 그 돈 삼백 냥 벌써 찾아 이 달의 살구 값으로 다 없앴소."

심 봉사는 기가 막혔다.

"찾아온 지 얼마나 되었다고 벌써 없앴단 말이야?"

"고까짓 돈 삼백 냥을 썼다고 그같이 노여워하시나."

"네 말하는 꼴을 들어 본즉 귀덕이네 집에 맡긴 돈도 다 썼겠구나."

뺑덕 어미가 또 대답했다.

"그 돈 백 냥 찾아서는 떡값, 팥죽값으로 벌써 다 썼소."

심 봉사는 더욱 기가 막혀,

"에고 이 몹쓸 년아, 내 딸 청이가 나중에 신세라도 의탁하라고 맡긴 돈을 네년이 무어라고 떡값, 살구값, 팥죽값으로 다 녹였단 말이냐."

하며 분통을 터뜨렸다.

"어쩐 일인지 지난 달에 비칠 것이 안 비치더니, 신 것만 구미에 당겨서 내 그리 하였소."

심 봉사는 그 말을 듣고 깜짝 놀라,

"여보게, 태기가 있는 모양이네. 몸조심하여 아들이든 딸이든 하나만 낳아 주소. 그러면 서울 구경도 하고 궁중 잔치에 같이 가소."

이렇게 말하며 행장을 차려 출발했으나, 그날 밤 주막집에서 뺑덕 어미는 다른 소경과 심 봉사의 행장까지 도적질해 가지고 도망을 가 버리고 말았다.

거기다가 심 봉사는 날이 더워 목욕을 하던 중에, 옷가지마저 도둑을 맞아 홀로 앉아 탄식하였다. 그 때 무릉 태수가 지나가다 그것을 보고 사연을 물은 뒤 옷가지와 망건을 마련해 주었다.

심 봉사가 받아 입고 보니 잃어버린 옷보다 한결 나았다. 심 봉사는 백배 사례를 하고 길을 재촉하였다.

한편 심 왕비는 잔치 마지막 날에도 나타나지 않는 아버지를 기다리며 탄식을 했다. 잔치에 참여한 맹인들의 이름을 차례대로 부르게 하였으나 심 봉사의 이름은 끝내 불리지 않았다.

"불쌍하신 우리 아버지는 부처님의 영험으로 눈을 뜨셨기에 소경 잔치에 안 오셨나. 노환으로 병이 드셔 못 오시나. 그 사이에 무슨 낭패를

보아 잔치에도 못 오시는 게 아닌가. 아니면 부녀간의 연분이 다함이런가, 나의 정성이 부족함인가."

이렇게 근심에 가득 차 있는데, 황해도 황주 사는 심학규라는 맹인이 방금 성명책에 적히었다는 전갈이 왔다.

심 봉사는 내전 앞에 나아가 머리가 땅에 닿도록 엎드렸다.

"소생은 황해도 황주 살던 심학규로서, 딸을 팔아 죽인 죄인이오니 어서 죽여 줍시오!"

이 말을 들은 청은 버선발로 뛰어 내려와 아버지를 일으켜 세웠다.

"아버지! 인당수에 빠져 죽은 청이가 황천에 계신 어머님을 만나 뵙고 인간으로 환생하여 살아왔나이다."

"아니, 무엇이라고?"

심 봉사가 크게 놀라 두 눈을 번쩍 뜨니, 세상 천지가 밝게 보였다. 심 봉사의 눈에 눈물젖은 청의 얼굴이 솟아나듯 비쳐왔다.

"청아! 네가 진정 내 딸 청이란 말이냐?"

"아버지, 저를 보세요!"

"네가 바로 내 딸 청이로구나."

이렇듯 울며 좋아하니 많은 소경이 춤추고 노래하며 만세를 불렀다.

그러자 왕은 심 봉사에게 부원군의 벼슬을 내리고, 별궁과 좋은 전답도 내렸다. 또한 도화동 사람들에게는 그 해의 신역(몸으로 치르는 노역)을 없애 주니, 심 왕비 같은 효행은 그 어디에서도 찾아 볼 수가 없었다.

춘향전

작가 미상

춘 향 전

숙종 대왕이 왕위에 오른 지 얼마 되지 않았을 때, 시절은 안정되어 태평한 세월이었다. 백성들은 편안한 생활을 하였고, 계속해서 풍년이 들었기 때문에 먹을 것 걱정도 없었다. 또 백성이 임금께 충성하니 마치 요순 시대와 같았다.

그 시절, 삼청동에 이한림이라는 양반이 살고 있었다. 그의 집안은 대대로 명문이었고, 그는 충신의 후손이었다. 임금은 이한림에게 남원 부사의 벼슬을 내렸다.

이한림에게는 아들이 하나 있었는데, 그 아들의 이름은 몽룡이었고 나이는 열여섯이었다. 잘생긴 외모는 당나라의 시인 두목지 같았고, 생각은 푸른 바다와 같이 넓었다. 또 지혜가 뛰어나고, 문장 실력은 이태백과 비길 정도였으며, 글씨는 왕희지처럼 잘 썼다.

어느 화창한 봄날이었다. 제비와 새들이 서로 어울려 놀고 꽃들이 피자, 북쪽 산도 붉어지고 있었다. 수양버들 가지에 앉은 꾀꼬리는 서로 친구를 부르는 듯이 지저귀고, 푸른 나무는 숲을 이루고 있었다. 일 년 중 가장 화창하고 아름다운 봄날이었다.

남원에 처음 온 이 도령은 춘흥에 이끌리어 방자를 불러 물었다.

"이 고을에서 경치가 가장 좋은 곳이 어디냐?"

그러자 방자는,

"글공부하시는 도련님께서 경치 좋은 곳을 찾다니, 안 될 일입니다." 하고 말했다. 그러자 이 도령은,

"이 무식한 놈아. 옛날부터 문장에 뛰어난 사람들은 좋은 경치나 강산을 구경하는 것을 글짓거나 공부하는 것의 근본으로 삼았다. 자연의 놀라운 변화와 아름다운 경치가 모두 글감이고 공부일진대 어찌 구경을 하지 않는단 말이냐?"

그러자 방자는 도련님의 뜻을 받아 주위의 경치를 말씀 드렸다.

"관동 팔경과 해주 매월당, 진주 촉석루, 평양 부벽루, 성천 강선루, 황주 월파쌍성이 좋다고들 하지만, 아름다운 경치는 남원 광한루를 따를 곳이 없으니, 팔도에서 말하기를 소남강이라고 합니다."

그 말을 들은 이 도령이,

"네 말을 들으니 광한루와 오작교가 절경인 모양이구나. 그 곳을 구경해야겠으니 나귀와 안장을 준비하거라."

잠시 후 이 도령은 방자를 앞세우고 산들바람이 부는 길을 지나 광한루에 이르렀다.

"악양루, 봉황대의 풍광과 황학루, 고수대의 경치가 이것보다 더 낫겠느냐?"

"경치가 이러하니 종종 신선이 내려와 논다고들 하지요. 또 그럴 때면 구름과 안개가 잦아진다고 합니다."

광한루의 풍경도 좋았지만 오작교도 좋았다. 이 곳을 호남의 제일성이라 하는 것을 보니 오작교가 분명하였다. 견우와 직녀는 어디에 있을까? 이런 빼어난 경치 속에 있자니 이 도령은 저절로 시가 떠올랐다. 그는 흥에 겨워 시 두 구를 읊었다.

높고 밝은 오작의 배에

광한루 옥섬돌 고운 다락이랴.
누구냐, 하늘 위의 직녀란 별은
흥나는 오늘의 내가 견우일세.

 이 날은 오월 단오였다. 일 년 가운데 제일 좋은 시절이었다. 마침 이 고장 기생의 딸인 춘향이 그네를 뛰려고 향단이를 앞세우고 나서고 있었다. 비단결같이 고운 머리카락은 곱게 땋아 내려 붉은 댕기를 드리웠고, 비단치마를 두른 자태는 다 피지 않은 버들잎이 드리운 듯 아름답고 고운 모습이었다. 그녀는 봄 경치를 맘껏 즐기려는 듯 가만가만 걷고 있었다. 마치 우거진 나무 그늘과 아름다운 풀밭에 꾀꼬리가 오가는 모습과도 같았다.
 춘향은 긴 그넷줄을 고운 손으로 갈라 쥐고 그네를 뛰었다. 몸을 날려 한 번 구르면 앞줄이 높이 올라가고, 두 번 구르면 뒷줄이 높이 올라가, 춘향의 모습은 점점 공중에 솟구쳐 멀어져 갔다. 머리 위의 나뭇잎은 몸을 따라 흔들렸고, 그네가 뒤로 갈 때는 나무의 푸른빛 속에 붉은 치맛자락이 내비쳤다. 그것은 마치 흰 구름 속에 번갯불이 비치는 것 같았다.
 춘향은 나뭇잎을 입에 물어도 보고, 꽃을 꺾어서 머리에다 꽂아도 보았다. 이렇게 놀고 있는 그녀의 모습 또한 멋진 경치의 하나였다.
 이 도령은 아름다운 자연 속에서 예전의 기억들을 떠올려 보기도 하고, 잊었던 글귀도 생각했다. 그러다 춘향의 그네 뛰는 모습을 본 이 도령은, 그 모습이 황홀하여 방자를 불렀다.
 "저 건너에서 오락가락 희뜩희뜩, 오락가락 어른어른하는 게 무엇인가 자세히 알아보고 오너라."
 방자가 대답했다.

"다른 무엇이 아니고, 이 고을 기생이던 월매의 딸 춘향이라는 계집입니다."

그러자 이 도령은,

"그래, 제 본색이 기생이면 구경 한 번쯤 못 하겠느냐? 네가 가서 데리고 오너라."

하고 분부를 내렸다. 방자는 곧게 뻗은 참나무 가지의 위를 찍고 아래를 잘라 거꾸로 짚고, 진 데 마른 데 가리지 않고 헐떡이며 뛰어가 말했다.

"여봐라, 춘향아."

춘향이 깜짝 놀라 그네에서 뛰어내리며 말했다.

"웬 소리를 그렇게 질러 사람의 정신을 빼놓는 거냐? 누가 나를 부르기라도 하는 것이냐?"

"애, 말도 말아라. 큰일났으니 어서 빨리 가 봐야겠다."

"큰일이라니, 무슨 일이길래 이리 시끄럽게 구느냐?"

"이 고을 사또의 아드님이 광한루에 놀러 오셨다가 네가 노는 모양을 보고 불러오라고 하신다."

춘향은 몹시 화가 나 이렇게 대꾸했다.

"이 몹쓸 녀석아, 도련님이 어떻게 나를 알아서 부른단 말이냐? 네가 춘향이니 사향이니 심향이니 강진향이니 하며 도련님께 일러바친 것이겠지?"

그러자 방자가 말했다.

"추천인지 그네인지 안 보이는 곳에서 하는 것이 당연한 일이지, 광한루 가까운 이런 언덕에다 매고 뛰라고 누가 그러더냐? 사또 자제 도련님이 산천 경개 구경하고자 광한루에 올라왔다가, 푸른 숲 속에서 그네 뛰는 네 모습을 살펴보고, 빨리 불러 오라고 분부가 엄하니 내가 무슨 수가 있겠느냐? 잔말 말고 빨리 건너가자. 네가 가서 항라 속곳 가래를 슬쩍 빼다가 돌돌 말아 왼쪽 볼기짝에 붙인다면, 남원의 모든 것이 다 네 것이 될 것이다. 그 얼마나 좋은 일이겠느냐?"

방자가 이렇게 말하자 춘향은 못 이기는 척, 비단치마를 예쁜 손으로 쥐어 잡고, 방자를 따라나섰다. 춘향은 금자라 기어 가듯 방자의 뒤만 따라가서 계단 아래에 이르러 문안을 아뢰었다.

이 도령은 어쩔 줄 몰라하며 춘향을 살펴보았다. 얼굴이 화사하고 깔끔한 것이 푸른 강에서 노는 학이 설월(눈 위에 비친 달)에 비친 것 같고, 붉은 입술과 흰 이가 반쯤 열리니 별 같기도 하고 구슬 같기도 했다. 연지를 품은 듯 아래위로 고운 맵시는 석양에 안개 비치는 듯했고, 푸른색 치마에 아롱진 무늬는 마치 은하수의 물결 같았다. 춘향이 미인만이 걸을 수 있는 독특한 걸음걸이를 단정하게 옮겨, 부끄러운 듯 다락에 올라서자 이 도령은 정신이 아득해졌다. 춘향의 아름다운 자태에 취한 그는 서둘러 방자에게 말했다.

"방자야, 어서 오르게 하여라."

춘향이 마지못하여 당상에 앉자, 이 도령이 물었다.

"네 나이 몇이며, 이름이 무엇이냐?"

춘향이 어여쁜 목소리로 대답했다.

"소녀의 나이 이팔이며, 성은 성가이고 이름은 춘향이라 합니다."

이 도령이 웃으며 말했다.

"네 나이 열여섯이면 나와 동갑이로구나. 성씨를 물어보니 나의 천생연분이 분명하니 어찌 반갑지 않겠느냐? 이름 또한 춘향이라고 하니 네 모습과 절묘하게 어울리는구나. 그래, 생일은 언제이냐?"

춘향이 말하기를,

"소녀의 생일은 사월 초파일 자시입니다."

그러자 이 도령이 웃으며,

"사월이라 하니 나와 같은 해, 같은 달에 태어났구나. 이는 필시 하늘이 맺어 준 인연이 분명하구나."

이 때 춘향이 눈을 들어 이 도령을 살펴보았다. 얼핏 보아도 호걸 같고, 재주가 뛰어나 보이는 남자였다. 이마는 높은 것이 젊은 나이에 이름을 떨칠 듯이 보였다. 이마와 턱과 코의 좌우가 대칭을 이룬 것은 보국 충신을 할 것이 분명해 보였다. 춘향은 마음으로부터 흠모의 감정이 생겨, 이마를 숙이고 무릎을 모으며 단정히 앉아 있었다.

"부모님은 다 계신가?"

"어머니만 계십니다."

"형제는 몇이 있느냐?"

"올해 육십이 되신 어머니 아래에 제가 무남독녀입니다."

"너도 한 집안의 귀한 딸이로구나. 하늘이 정해 준 인연으로 우리가 만났으니, 백년가약을 맺어 오래도록 함께 사는 것이 어떻겠느냐?"

이 도령이 말하자 춘향은 깜짝 놀라, 붉은 입을 반쯤 열어 옥 같은 목소리로 낭랑하게 대답하였다.

"소녀 비록 창가의 여자이기는 하나, 마음과 뜻을 높은 곳에 두어 남의 첩이 되지는 말자고 맹세하였습니다. 그러므로 도련님의 뜻을 받아들일 수 없습니다."

"네 말을 들어 보니 그 또한 갸륵하구나. 비록 육례는 갖추지 못하겠지만 착실한 혼인이 될 것이며, 우리 둘이 인연을 맺으나 금석처럼 굳은 약속을 지킬 것이다."

"충신은 두 임금을 섬기지 아니하고 열녀는 두 지아비를 받들지 않는다 하였는데, 도련님은 귀한 신분이고 소녀는 천한 신분입니다. 한번 정을 준 후에 사또께서 다른 곳으로 가시게 되면, 도련님도 한양으로 올라가서 벼슬을 누리시며 좋은 세월을 보내실 터이니, 저 같이 천한 계집을 생각이나 하시겠습니까? 그렇게 되면 저는 속절없이 개밥에 도토리 신세가 되는 것이 아닙니까? 무어라 말씀하셔도 따를 수가 없습니다."

춘향이 이렇게 말하자 이 도령은 좋은 말로 이렇게 타일렀다.

"만일 일이 잘못되어 사또께서 한양으로 올라가시게 된다면 설마 내가 너를 버리고 가겠느냐? 우리 어머니는 삿갓 가마로 모실지라도 너는 좋은 가마로 데려갈 터이니 염려 말거라. 설마 양반이 한 입으로 두 말을 하겠느냐? 그러니 내 말을 따르도록 하거라."

이렇게 이야기를 주고받다가 이 도령이 춘향에게 물었다.

"너의 집이 어디에 있느냐?"

"방자를 불러 물어보세요."

이 도령이 허허 하고 웃으며 말했다.

"내가 너에게 물은 것이 잘못이었구나. 얘, 방자야!"

"예!"

"춘향의 집이 어디인지 말해 보거라."

방자가 손을 들어 어딘가를 가리키며 말했다.

"저기 저 건너, 동산은 우거지고 연못은 깨끗한데 좋은 고기들이 살아 움직이고, 그 가운데 꽃과 풀이 무성하여 나무에 앉은 새도 서로 모양을 내어 자랑하고, 청풍이 건듯 부니 바위 위의 굽은 솔은 늙은 용이 꿈틀거리는 듯, 집 앞의 버드나무는 하늘거리는 양류 가지요, 들축·죽백·전나무며 그 가운데 은행나무는 음양을 따라 마주 서고, 초당 문 앞에 오동나무·대추나무, 깊은 산중 물푸레나무·포도·다래·으름덩굴 휘휘 감긴 담장 밖에 우뚝 솟았는데, 송정 죽림 두 사이로 은은히 보이는 곳이 바로 춘향의 집입니다."

"담 안이 정결하고 송죽이 빽빽하게 우거진 것을 보니 여자의 절개 행실을 가히 알 것 같구나."

이 때 춘향이 가만히 일어서며 부끄러운 듯 말하였다.

"세상 인심이 고약하니 말 나기 전에 돌아가겠습니다."

그러자 이 도령이,

"기특하도다. 그럴 듯한 말이로구나. 오늘의 일정이 모두 끝난 후에 너의 집으로 갈 것이니 괄시하지나 말거라."

하고 말했다. 그러자 춘향이 답했다.

"저는 모르겠습니다."

"네가 모르면 되겠느냐? 잘 가거라, 춘향아. 오늘 밤에 다시 만나도록 하자꾸나."

춘향은 다소곳이 일어나 누각에서 내려갔다. 그러자 춘향을 마중 나온 월매가 반겨 주었다.

"애고, 내 딸 이제 오는구나. 그래, 도련님이 뭐라고 하시더냐?"

"뭐라 하기는요. 오늘 밤에 우리 집에 오시겠다고 합디다."

"그래서 뭐라고 대답했느냐?"

"모르겠다고 했습니다."

"잘하였다."

모녀는 이야기를 나누며 집으로 돌아갔다.

이 도령은 춘향을 보내고 나니 갑작스레 허전해지며 보고 싶은 마음이 간절해졌다. 서재로 돌아왔으나 만사가 귀찮고 춘향이 생각만 났다. 귀에는 춘향의 목소리가 쟁쟁하고, 눈에는 춘향의 자태가 아른거렸다. 해가 지기만을 기다리던 이 도령이 방자를 불러 물었다.

"방자야, 지금 해가 어디쯤에 있느냐?"

"동쪽에서 입을 벌리고 있습니다."

그러자 이 도령이 화를 벌컥 내었다.

"이런 괘씸한 놈! 서쪽으로 지는 해가 다시 동쪽으로 갔다더냐. 다시 한 번 살펴보고 오너라."

이윽고 방자가 말하기를,

"해는 져서 천상의 연못에서 목욕을 하는 황혼이 되고, 동쪽 마루에는 벌써 달이 나오고 있습니다."

이 도령은 저녁밥을 건성으로 한술 뜨고, 밤이 오기만을 기다리고 있었다. 책상에 앉아 서책을 읽기 시작하는데, 《중용》, 《대학》, 《논어》, 《맹자》, 《시전》, 《서전》, 《주역》을 꺼내 놓고도 부족해 《고문진보》, 《사략》과 《이백》, 《두시》, 《천자》까지 늘어놓았다.

글을 읽는 이 도령의 마음은 온통 춘향에게 가 있어, 《시전》의 '관관 저구는 재하지주요, 요조숙녀는 군자호구로다(서로 답하며 우는 새는 물가에서 노닐고, 아름다운 아가씨는 군자의 좋은 짝이로다)' 라는 글도 눈에 들어오지 않았다.

또 《대학》을 읽으려 하니, '대학의 길은 명명한 덕에 있으며, 백성을 새롭게 하는 데 있으며, 춘향에게 있도다' 라는 식이 되고 말았다.

《주역》을 읽는데,

"원은 형코 정코(천도의 덕으로, 원은 만물의 처음이니 봄에 속하고, 형은 만물이 자라는 것이니 여름에 속하고, 정은 만물을 거두는 것이니 겨울에 속한다)춘향이 코는 딱 댄 코, 좋고 하니라. 아! 이 글도 못 읽겠다."

《맹자》를 읽을 때는,

"맹자께서 양혜왕을 보시는데 왕이 말하기를, 어른께서 수천 리를 멀다 하지 않고 온다 하시니 춘향이를 보러 오셨습니까?"

《사략》을 읽을 때는,

"태고라 천황씨도 이 쑥떡으로 위하여 세계섭제하니 무위이화하시다(옛날 천황씨는 쑥떡으로써 임금 노릇을 하며 태세를 섭제에서 일으키니 힘을 쓰지 않아도 백성이 화목하였다). 그리하여 형제 열한 명이 각각 일만 팔천 세를 누리시다."

그 때 방자가 여쭈었다.

"천황씨가 목덕으로 왕이 되었다는 말은 들었어도, 쑥떡으로 왕이란 말은 금시초문이올시다."

"이놈 방자야, 네가 모르는 소리를 하는구나. 천황씨는 일만 팔천 세를 살던 양반이라 이가 단단하여 목떡을 잘 드셨지만, 시속의 선비들이 어떻게 목떡을 먹겠느냐? 공자께서 후생을 생각하셔서 명륜당에 현몽하기를 '시속 선비들은 이가 약하여 목떡을 못 먹으니 물씬물씬한 쑥떡으로 하라'고 하셨느니라. 그래서 삼백육십 주 향교에 통문을 하여 쑥떡으로 고쳤느니라."

이 도령은 이렇게 엉터리로 글을 읽다가 드디어 말했다.

"더 이상 글을 못 읽겠구나. 글자가 다 뒤바뀌어 보인다. 하늘 천자가 큰 대자가 되고, '사략'이 '노력'으로 보이고 '시전'이 '선전'이 되고, '서전'이 '딴전'으로 보인다. 또 '통감'이 '곶감' 같고 '논어'가 '부어' 같고 '맹자'가 '탱자'로 보이느니라. 이런, '주역'이 '누역'으로 보이는구나. 아니아니, 보이는 것이 모두 춘향이 같구나. 보고 싶네, 칠 년 가뭄에 빗발같이 보고 싶고, 구 년 홍수에 햇볕같이 보고 싶고, 달 없는 빈 방에 있는 듯이 불현듯 보고 싶구나. 아랫것들이 모두 춘향이로 보이니 이를 어쩌나. 보고 싶다, 잠깐이라도 보고 싶다."

이 도령의 목소리가 커지자 동헌에서 이 소리를 들은 사또가 하인을 불렀다.

"얘야, 너 빨리 서재에 가서 도련님더러, 글은 안 읽고 무엇이 보고 싶다는 것인지 알아 오너라.”

하인이 서재에 가서 이 도령에게 글은 안 읽고 무엇이 보고 싶은 것
이냐고 물었다.

그러자 이 도령이 말했다.

“다름이 아니라, 글을 읽다가 시전 칠월편을 보고 싶어 한 것이라고 말
씀드려라.”

그러면서도 계속하여 ‘보고 싶다’를 외치다가 방자를 불렀다.

“이제 밤이 되었으니, 춘향의 집으로 찾아가야겠다.”

이 도령은 몸을 숨겨 가며 가만히 성을 넘었다. 방자놈을 따라 감돌
고 휘돌고 훌쩍 돌아들어 자취 없이 가만가만 춘향의 집을 찾아갔다.

춘향의 집은 밤이 깊어 모든 소리가 그쳐 아주 조용했다. 춘향은 창
을 열어 둔 채, 벽오동 거문고에 새 줄을 얹어 무릎 위에 놓고, 곡조를
뜯으며 노래를 부르고 있었다. 당지덩둥둥지 덩동당슬……

방자가 대문에서 춘향 어미를 불렀다. 춘향 어미가 나와 보니 고을
사또의 도련님이 분명하여, 깜짝 놀란 척하며 물었다.

“아니, 도련님이 어쩐 일이시오? 사또께서 아시는 날엔 우리 모녀 다
죽을 것이니 어서 돌아가시오.”

그러자 이 도령이,

“걱정할 것 없으니 어서 들어가자.”

춘향 어미는 닳을 대로 닳은 사람이라 속으로는 딴 생각을 하면서도,

“그렇다면 잠깐 들어왔다 가시오.”

하면서 이 도령을 앞세우고 집으로 들어섰다.

대문, 중문 다 지나고 후원을 돌아가니 해묵은 별초당에 등촉을 밝혔
는데, 버들가지가 늘어져 불빛을 가린 모양이 마치 구슬 발이 걸려 있

는 듯했다. 오른쪽의 벽오동은 맑은 이슬이 뚝뚝 떨어져 학의 꿈을 깨워 주는 듯하고, 왼쪽에 서 있는 소나무는 청풍이 살짝 불면 늙은 용이 꿈틀거리는 듯이 보였다. 창 앞에 심은 파초·난초·봉미장은 속잎이 빼어나고, 연못 위의 어린 연꽃은 물 위에 겨우 떠 있었다. 대접같이 커다란 금붕어는 물고기에서 용으로 변하려는 것 같고, 때때로 바람이 불어 물결이 찰랑거릴 때마다 장난을 친다. 새로 나온 연잎은 어여쁘게 벌어지고, 뜰에 쌓아 놓은 돌산은 층층이 쌓여 있었다. 계단 아래의 학두루미는 사람을 보고 놀라, 두 날개를 떡 벌리고 긴 다리로 징검징검 낄룩 뚜루룩 소리를 냈다. 삽살개도 답하듯이 짖어 대고, 그 중에서 반가운 것은 연못 가운데에 있는 한 쌍의 오리인데, 손님을 기다리느라 두둥실 떠 있는 것 같았다.

처마 밑에 다다르니 그 때서야 춘향이 사창을 반쯤 열고 나오는데, 그 모습을 바라보니 둥글고 꽉 찬 보름달이 구름 밖으로 나오는 듯 황홀하였다. 춘향은 부끄러운 듯 땅에 내려섰다. 그 모습은 사람의 간장을 다 녹일 듯이 아름다웠다.

춘향이 주안상을 차려 왔는데, 갖은 음식이 푸짐하였다. 팔모접시와 대모반에 강화닭과 꿩, 큰 양푼에 갈비찜, 작은 양푼에 제육 초, 두 귀가 날씬한 송편, 먹기 좋은 꿀설기, 보기 좋은 화전, 송기떡의 윗고명이 아주 먹음직스러워 보였다. 또 보산의 참배, 양주의 밤, 남양의 연시, 보은의 대추, 전복, 염통 산적, 양볶음, 죽순나물, 씀바귀를 곁들여 놓았다. 청포도, 흑포도, 머루, 다래, 유자, 감자, 능금, 석류, 참외, 수박, 개암, 비자, 춘당, 매당, 오화당 등 각종 과일과 사탕도 많았다. 초장, 겨자, 생청을 틈틈이 괴어 놓고 꽃이 그려진 화병, 거북병, 목이 긴 거위병 등 각색 술병을 놓았다.

춘향은 이 적선의 포도주, 진 처사의 국화주, 마고 선녀의 천일주, 산

중 처사 송엽주, 일년주, 백화주, 이감고, 감홍로, 죽력고, 계당주, 황소주, 과하주, 청주, 모주, 막걸리를 모두 합한 혼합주를 앵무배에 가득 부어 도련님께 권하였다.

"불로초 술을 빚어 만년잔에 가득 부어 잡수시오. 이 술 한번 잡수시면 오래오래 누리리다. 제 것 두고 못 먹으면 그림의 떡이로다. 인생 한 몸 돌아가면 뉘가 한잔 먹자고 하리. 살았을 때 이리 놀아 보세."

이 도령이 술에 취하여 춘향에게 갖은 소리를 다하여 흥을 돋우라 하니, 춘향이 고운 손으로 줄을 고르고, 나직한 소리로 노래를 부르며 거문고를 타기 시작했다.

　　님은 창송이 되고 나는 녹죽이 되야
　　낙목한천에도 우리 둘이는 푸르러 있어
　　잎새 진 초목들이 못내 부러워 하리로다.

낮에 방자를 통해 춘향이 글 잘한다는 소리는 들었지만, 이렇게 시에 거문고까지 타는 줄은 꿈에도 생각지 못했다. 술이 거나해진 이 도령이 횡설수설하자, 춘향이 민망해하며 말했다.

"도련님, 달도 기울고 밤이 깊었으니, 어서 쉬도록 하세요."

"그럼, 먼저 눕거라. 너 눕는 것을 보고서 내가 눕겠다."

"에그머니! 도련님이 먼저 누우셔야지요."

"주인이 먼저 누워야 될 것 아니냐?"

"주인이 시키는 대로 하셔야 할 게 아니에요?"

이렇게 해서 그들은 꿈 같은 첫날밤을 보내게 되었다. 이 도령은 낮에는 집에서, 밤에는 춘향의 집에서 며칠을 보냈다.

그러던 어느 날, 방자가 소풍을 핑계로 춘향의 집에 와 있던 이 도령을 급히 부르러 왔다.

"도련님, 사또께서 부르십니다."

"무슨 일로 부르시느냐?"

"무슨 일인지는 모르겠습니다."

이 도령은 궁금해하며 방자를 따라 동헌으로 갔다.

"내가 듣자니 밖에서 너에 대한 괴이한 소문이 떠돈다고 하던데, 설마 하며 믿지 않았다. 그러나 자식의 나이 스물이 가까워졌는데, 집안에 무슨 경사가 있는 줄도 모르고 밖으로만 나다니느냐?"

아버지의 말을 들은 이 도령은 급소를 찔린 것만 같아서 감히 입이 떨어지지 않았다.

사또가 다시 말하였다.

"나는 이번에 동부승지가 되어서 내직으로 들어가게 되었다."

동부승지란 승정원의 3품 벼슬로, 이한림이 정사를 잘 보아 인심을 많이 얻었기 때문에 나라에서 직분을 높여 준 것이다.

"나는 문서 정리를 다 해 놓고 천천히 올라갈 터이니, 너는 네 어머니와 함께 내일 서울로 가도록 하거라."

그 소리를 들으니 이 도령은 눈물이 핑 돌았다.

"아버님!"

"더 물을 것도 없다. 부임한 지 일 년 안에 벼슬이 올라갔으니, 이보다 더 좋은 일이 어디 있겠느냐?"

동헌을 물러나온 이 도령은 어머니를 찾아가 춘향과의 일을 털어놓고 도움을 청했다. 그러나 어머니의 대답은 차가웠다.

"너는 양반의 자식이다. 세상 사람들이 별 소리를 다 해도 나는 너 하나만을 믿고서 듣지 않았는데, 그게 사실이란 말이냐?"

"어머니, 그 아이는 어머니가 생각하고 계시는 그런 천한 계집이 아닙니다."

"네가 어미 앞에서 기생집의 계집을 두둔하려는 거냐! 너는 대대로 양반인 연안 이씨 집안의 후손이다. 나이 스물도 안 된 어린것이 벌써부터 기생질을 해 세상의 소문거리가 되다니 부끄럽지도 않단 말이냐? 네가 정녕 떠나기 싫다면 난 혼자라도 떠날 것이다."

인자할 때는 한없이 따스한 어머니였지만, 엄할 때는 얼음보다 더 차가우신 분이었다.

일이 이렇게 되니 싫든 좋든 일단 떠나야 할 것 같았다. 이 도령은 저녁상을 받았지만 한 술도 뜰 수 없었다. 어둡기를 기다려 이 도령은 춘향의 집으로 갔다.

보름을 며칠 앞둔 날 밤이라 달빛이 훤했다. 춘향은 뜰에 나와 이 도령을 기다리고 있었다.

"도련님, 어찌 이렇게 늦으셨나요?"

그러나 이 도령은 대답도 하지 않고, 반가워하지도 않았다. 일부러 장난으로 그러는가 싶어 꼭 껴안아도 보고 간질러도 보았으나, 그는 춘향의 손길을 피해서 옆으로 돌아서기만 할 뿐, 여전히 수심에 가득 찬 얼굴이었다.

춘향은 정색을 하고 이 도령의 옆에 붙어 앉았다.

"아까 부름을 받고 들어가시더니 사또 나리한테 꾸중을 들으셨나요? 아니면 오시다가 무슨 분한 일이라도 당하셨나요?"

이 도령은 고개를 가로저었다.

"그러면 일가 댁에 초상이라도 났습니까? 아니면 우리 집에서 대접을 소홀히 해 드렸나요?"

이 도령은 또 고개만 내젓더니 그만 소리내어 울고 말았다. 춘향은 앞으로 쓰러지는 이 도령을 붙잡고 흔들었다.

"도련님, 말씀을 해 보세요. 무슨 일이 생겼기에 이렇게 서러워하시는지……."

"춘향아, 사또께서 동부승지에 오르셔서 한양으로 가게 되었다."

그러자 춘향은 손뼉을 치며 웃었다.

"그런데 왜 나를 놀라게 하시나요? 웃을 일에 왜 울고 그러시나요? 사또께서 승진을 하셔서 너무 좋아 우신 건가요, 아니면 도련님 가시는데 제가 따라가지 않을까 봐 우신 건가요?"

"어쩌면 너는 그렇게 내 속을 몰라 주느냐! 일이 어렵게 되었으니 내가 이러는 게 아니냐?"

"어렵게 되다니 그게 무슨 말씀인가요? 여필종부라고 했는데, 여자가 지아비를 따르는 것이 당연하지요. 한양이 천 리 아니라 구만 리라도 제가 따라갈 터인데 무엇이 걱정입니까?"

"너도 참 딱하구나. 내가 너를 데려가지 못하게 됐으니까 이러는 게 아니냐?"

그제야 춘향이 바짝 다가앉으며, 이 도령의 눈을 똑바로 쳐다보았다.

"그게 무슨 말씀이오? 죽어도 같이 죽고 살아도 같이 살아야 하는 것이 우리 두 사람 아닙니까? 도련님만 가시고 저는 갈 수 없다는 것이 무슨 말씀입니까?"

"너를 데려간다면 조정에서 출세도 못하고, 선영에 봉제사도 못하게 된다고 하더구나."

그러자 춘향은 목이 메어 울며 말했다.

"이 일이 어인 일인고…… 이 서러움을 어찌한단 말입니까? 이제는 저절로 이별이 되는군요. 난생 처음 겪는 이별인데, 다시는 님을 못 보다니…… 이별마다 서럽다 하나, 살아서 생이별은 생초목에 붙은 불과도 같구나. 남과 북의 군신 이별, 역로에 형제 이별, 만리에 처자 이별……
이별이 아무리 서럽다지만 우리같이 서러운 이별이 또 어디 있단 말인
가. 답답한 이 심정을 어찌하면 좋겠소?"

이 도령이 소매로 얼굴을 감싸고 춘향을 달래며 말했다.

"울지 말거라. 네 울음소리에 구곡간장이 다 녹는다. 내 평생 소원이,
우리가 함께 살다가 너는 죽어 꽃이 되고 나는 죽어 나비가 되어 서로
떠나 살지 않는 것이었는데, 온갖 것들이 우리를 시기하여 오늘 이별을
해야 되나 보다. 그렇지만 설마 긴 이별이야 되겠느냐? 내가 급제만 하
면 너를 불러 올릴 것이다."

"그렇다면 저는 도련님이 오기만 기다리겠어요."

춘향이 흐느껴 울자 이 도령도 눈물을 그치지 못하였다. 이 도령은
주머니에서 거울을 꺼내 춘향에게 주었다.

"춘향아, 이별의 정표이니 이것을 받아라. 장부의 밝은 마음은 이 거울
과 다를 바가 없다. 태산이 평지가 되는 한이 있더라도, 내 마음 하나
만은 변하지 않을 것이다."

그러자 춘향이,

"도련님께서 이제 가면 언제 오실까요? 저절로 죽은 고목에서 꽃 피거
든 오시려나, 벽에 그린 누런 닭이 짧은 목 길게 늘여 두 날개 동동 치
며 꼬끼오 울거든 오시려나. 금강산 상상봉의 물을 밀어 배 둥둥 뜨면
오시려나."

하면서 손에 끼고 있던 옥가락지를 뽑았다.

"계집의 높은 절개는 이 옥반지와 같습니다. 천만 년이 지나간들 옥빛
이 변하겠습니까?"

"오냐, 고맙다. 서러워 말고 나를 기다려라. 내가 간다고 어찌 너를 잊겠
느냐? 그러나 아침에 일어나 네가 없으면 그 얼마나 슬프겠느냐!"

"가신다고 너무 슬퍼 마세요. 보내는 저도 있지 않습니까? 부디 산 깊고 물 깊은 곳 조심하시고, 가시다가 진한 한숨 소리 나면 저인 줄로 여기세요."

옛 사람이 남긴 글에 이런 것이 있다.

눈물 어린 눈으로 눈물 어린 눈을 바라보고
창자 끊어지는 사람이 창자 끊어지는 사람을 보내고 있다
무정하구나
이 언덕 위에 서 있는 버들가지는 천 가닥 실로 드리워져 있건만
겨우 칠 척에 차지 않는 내 낭군 하나를 못 붙들어매느냐

전에는 사람은 빨리 가고 싶은데 나귀가 흥청거리며 안 가더니, 지금

은 사람은 천천히 가고 싶은데 나귀가 재촉해 빨리 집으로 가고 싶어하는 것 같았다.

이 도령은 마지못해 말에 올라 한양으로 향했다. 돌아보고 돌아보며 가는 길, 산 넘어 오 리 되고 물 건너 십 리쯤 되자, 춘향의 모습이 눈앞에서 묘연해졌다.

춘향이 눈물을 씻고 북쪽 하늘을 바라보니 님의 자취는 멀어지고 없었다. 이 때부터 춘향은 시름 속에서 무정 세월을 보내게 되었다.

이 도령이 과거에 급제를 해서 남원으로 내려오지 못한다면 그의 아버지 이 승지가 또다시 남원에 재임이라도 해서 내려와야 할 일인데, 문자 그대로 무소식이었다.

이번에 새로 부임해 내려올 신관 사또는 서울 자하골에 살던 변학도라는 사람이었다.

그는 본래 양반이라 세도가 당당했는데, 고집이 세고 성미가 괴팍한 위인이었다. 또 남달리 풍류와 술먹고 노는 것을 좋아하였으며, 기생들을 좋아했다. 그래서 시골에 내려가 벼슬살이를 할 때도 일부러 기생이 많은 곳을 가려서 양주 목사, 광주 부윤 등을 마다하고 남원 부사가 되기를 자원했던 것이다.

소원했던 대로 발령이 나자, 임지인 남원에서 인사를 하러 부하 관원 일행이 자하골의 본댁을 찾아왔다.

"신연, 이방 현신 아뢰오——."

'신연'은 고을에 있는 관속들이 새로 부임해 오는 상관을 맞이하는 것을 말한다. '이방'은 이전에 관한 사무를 맡아 보는 책임관이며, '현신'은 아랫사람이 상전에게 처음으로 인사를 드리는 것을 가리킨다.

인사가 끝나기를 기다리던 변학도는, 위엄을 보이느라고 일부러 배를 쓱 내밀고 컹컹 큰기침을 몇 번 하고 나서는 부하 관원들을 돌아다보았다.

"게 이방 있느냐?"

"예에, 소인이올시다."

"여기까지 올라오느라고 수고들 했다. 그 동안 너희 고을에서 별다른 일은 없었느냐?"

"예에, 덕분에 아무 일 없었사옵니다."

"그래, 공사는 차차로 묻기로 하고, 내가 듣기에 너희 고을의 여자들이 예쁘다고 하던데 그게 정말이냐?"

"예에?"

이방은 목을 쑤욱 빼고 눈을 동그랗게 떴다.

부하들로부터 신연 인사를 받는 자리에서 크고 급한 공무는 뒤로 제쳐 두고, 하필이면 남원에 예쁜 여자가 많으냐고 묻는 것이 아무래도 자기 귀를 의심하지 않을 수 없게 만들었다.

"허허허, 이방 귀가 먹었군 그래. 너희 고을에 예쁜 기생이 많은가, 그것을 물어보는 것이다. 그 중에서도 무슨 양인가 하는 계집이 제일 유명하다면서?"

"양이라 하시는 것은 창고의 군량을 얘기하시는 것인지, 고기 창고의 양을 말씀하시는 것인지……?"

"너희 고을의 기생 중에 양인지 향인지 하는 빼어난 기생이 있다고 들었다."

"예에, 빼어난 기생이 많이 있습니다만, 향이라고 하시면 계향이, 월향이, 화향이, 그리고 춘향이가 있사옵니다."

"허, 춘향이라고 했겠다?"

"그런데 그 아이는 기생이 아니고……."

"아니고 맞고, 있으면 그만 아니냐? 음, 춘향이렷다."

바라던 대로 춘향이가 일색이라는 말을 들은 변학도는, 두 어깨가 저절로 올라갔다.

　다음 날 부임지인 남원으로 떠나는데, 먼저 임금님께 절을 한 뒤 사당에 참배하고 숭례문을 나와 동작을 건넜다. 남태령을 넘으니 신관 사또가 탄 가마 뒤로 행렬이 십 리나 이어졌다. 가는 곳마다 사람들이 나와서 구경을 했다.

　며칠 만에 전주에 이르러 태조를 봉안해 둔 경기전에 참배한 뒤, 객사에 들어 순상께 인사드렸다. 좁은 목으로 나와 고개를 넘고 노구바위를 넘어 임실을 지나니 오수역이었다. 남원을 사십 리 정도 앞둔 곳이었다. 그 곳에서 점심을 먹고 오리정으로 들어가니 벌써 기와집들이 까맣게 보이는데, 크고 작은 관속과 하인들이 여러 색의 기를 들고 풍악을 울리며 사또 행렬을 영접했다.

　신관 사또는 위엄 있게 보이려고 가마 위로 비스듬히 버티고 앉아 큰 눈을 이리저리 굴리고 있었다. 어느 것보다 그의 눈에 먼저 들어온 것은, 머리에 전립을 쓰고서 말 위에 올라앉은 어여쁜 기생들이었다.

　곧이어서 나팔은 또——, 고동은 뚜——, 꽹과리는 처르릉——, 북은 둥——, 어라는 쉬—— 하는 권마성이 들려왔다. 이렇게 어수선한 가운데서도 변 사또는 기생들이 죽 늘어서 있는 것이 좋아서 관노의 우두머리를 불렀다.

　"여봐라."

　"예이."

　"저기 나와 있는 것이 모두 기생이냐?"

　"예이, 전부 기생이라고 아뢰오."

　변 사또는 그 소리만 듣고도 신이 났다. 동헌에 자리를 정해 앉은 변 사또는,

"빨리 기생들부터 들이도록 하라."

하고 명령했다.

정신이 나가도 보통 나간 것이 아니다. 엉터리도 이만저만 엉터리가 아니다. 그 많은 공무를 다 버려 두고서 부임 첫날에 기생들의 출석부터 부르려는 것이었다.

기생 이름 적은 것을 앞에 놓고 차례로 불렀다. 채련이, 홍련이, 봉월이, 추월이, 주삼이 등이 다 불려 나오도록 춘향의 이름이 없자, 변 사또가 이방을 불러 물었다.

"아니, 춘향의 이름이 없으니 어떻게 된 일이냐?"

"예, 춘향이는 지금 수절 중입니다."

"뭐라고, 수절? 기생이 무슨 수절이란 말이냐?"

"춘향이는 이미 전 사또 자제인 이몽룡과 혼약을 하였다 하옵니다."

"제까짓년이 기생의 딸이면 제 처지에 맞게 굴어야지. 당장 잡아들이도록 하라."

군노와 사령 둘이 우당탕 바삐 가서 대문을 박차며 춘향을 부르니, 춘향이 놀라 이유를 물었다. 춘향의 어미는 그들에게 밥과 술을 후하게 대접한 뒤 말했다.

"이 돈 닷 냥으로 술값이나 하시오."

군노와 사령은 처음에는 사양하는 척하다가 손을 벌리며 말했다.

"내가 묶이어 곤장을 맞는 한이 있더라도 뒤탈 없게 할 것이니 염려 마시오."

하고 돌아와 관가에 아뢰기를,

"춘향이 금방 숨이 끊어질 지경에 이르렀기에 대령치 못했나이다."

했다.

그러자 변 사또는 화가 나서 소리쳤다.

"너희가 지금 나를 속이려 드느냐? 내 다 알고 있다. 저놈들을 엄히 다스려 옥에 가두거라. 만약 춘향이를 잡아들이는 데 소홀한 자가 있다면 큰일날 줄 알거라."

춘향이 동헌으로 잡혀 간다는 소문에 골목이 미어지도록 많은 사람들이 나와 구경을 하고 있었다.
"춘향 현신이오——."
사또가 내려다보니 과연 듣던 대로 아름답고 청초하게 생겼다.
"음, 이 곳으로 오르라고 하여라."
춘향이 마지못해 청상으로 올라가 한옆에 다소곳이 앉아 고개를 숙였다.
변 사또가 뚫어지게 춘향을 쳐다보았다.
검은 머리, 하얀 살결, 곱게 앉아 있는 모습이 마음에 들어 변 사또는 애가 탈 지경이었다.
"너 서재에 가서 회계 나리 좀 오라고 하거라."
회계가 옆에 와 앉으니까, 사또는 좋아서 어찌할 줄을 몰랐다.
"자네 한번 보게나. 저것이 춘향이라네."
"허허허, 그것 잘생겼는데…… 저만큼 생긴 계집이었으니 사또가 한양서부터 춘향, 춘향, 했던 거로구면."
변 사또는 눈을 지그시 감으면서 회계에게 웃어 보였다. 흐뭇한 표정을 짓고 있는 사또의 입에서 침이 저절로 흘렀다.
"너 춘향이는 듣거라. 오늘부터 몸단장을 하고 내 수청을 들도록 하라."
그 소리에 춘향이 놀라 고개를 들었다. 그리고 굳어진 얼굴로, 두 눈에 힘을 주며 말했다.

"사또, 분부 황송하오나 소인은 임자가 있는 몸입니다."

그러자 사또가 화를 내면서 말했다.

"너 같은 기생에게 수절이라는 말이 어울리느냐? 가당치도 않다. 요망
한 소리 말고 오늘부터 수청을 들거라."

"만 번을 죽어도 그렇게는 못합니다."

변 사또는 크게 노하여 춘향을 결박하여 형틀에 앉힌 후 매질을 시작
했다. 곤장을 높이 쳐들고서 뒤로 두어 발짝 물러섰다가 우르르 달려들
어 한 대를 턱 치니, 부러진 곤장개비가 공중을 한 바퀴 휙 돌아 대들보
아래에 가서 떨어졌다.

그대로 치고 맞고 치고 맞고 하니 변 사또는 춘향을 진정 죽이려 하
는 것 같고, 춘향은 버티다가 맞아 죽을 작정인 것만 같았다.

"에잇, 고년 모질기가 독사 이상이요, 독하기는 고추 이상이로구나. 저

년에게 큰칼을 씌워서 하옥시키거라."

"예에——이."

춘향을 끌어내려 놓으니, 이미 의식을 잃어서 숨도 제대로 못 쉬고 있었다. 그 광경을 보자 형방 통인도 고개를 돌려서 눈물을 쏟고, 사령 군노도 목이 메었다.

"에잇, 사람의 자식으로서는 차마 못 보겠다."

이 때 춘향의 소식을 들은 남원 기생들, 즉 이숙이, 태평이, 군빈이, 떠중이, 풍헌, 약정 등이 모두 와서 춘향을 보고 혹 위로도 하고, 혹 청심환도 풀어 넣으며 한바탕 소동을 벌였다. 이숙이는 춘향을 업고 떠중이는 칼 머리를 받들고 태평이, 군빈이, 주빈 등은 좌우로 받들어 천신 만고 끝에 옥문 앞에 이르렀다.

춘향은 그들을 돌려보낸 뒤 홀로 탄식하였다.

"일구월심에 이 설움을 어이 할꼬. 우리 서방님은 언제나 다시 뵐 수 있을까."

춘향은 칼 머리를 베고 눕자 정신이 혼미해졌다.

"아가, 어찌 목소리가 안 나오느냐? 이를 어찌하면 좋단 말이냐!"

춘향 어미가 미음을 쒀 가지고 와 춘향을 부르며 대성통곡하였다. 그러자 춘향이 놀라 정신을 차려 대답했다.

"아무리 좋은 음식이라도 먹기 싫어요. 내 병은 의원도 고칠 길 없으니, 만일 내가 죽거든 나를 염습하여 한양성 안 도련님이 다니시는 길목에 묻어 주세요. 그러면 도련님이 오고갈 때에 좋은 소리나 들을 수 있으려나……."

"그게 무슨 소리냐? 원수가 된 몹쓸 놈을 철석같이 믿고서, 수절인지 뭔지 하다가 이런 형벌을 받으니 원통하지도 않느냐?"

이럭저럭 여러 달이 지났다. 춘향은 탄식을 벗삼아 세월을 보냈다. 그러던 어느 날, 불길한 꿈을 꾸었다. 세상을 정처없이 떠돌다가 집에 돌아가니, 방문 위에 허수아비가 달려 있고 뜰의 앵두화는 다 떨어졌으며, 늘 보던 거울의 한복판이 깨어져 있는 꿈이었다.

"이것이 무슨 일인고! 내가 죽을 꿈이로구나. 서방님을 다시 못 보고 죽는다면 차마 눈을 감지 못할 것이다."

그 때 건넛마을 허 봉사란 판수가 지나가는 것을 보고, 춘향은 옥졸을 시켜 판수를 불렀다.

허 봉사는 길에 풀이 가득해서, 옷을 걷어 쥐고 눈을 희번덕거리며, 코를 찡그리고 막대를 휘저으며, 입으로는 휘파람을 불었다. 그러다 쇠똥을 밟아 미끄러지고 말았다. 그는 손을 짚으며 혼자 중얼거렸다.

"이리 미끄러운 걸 보니 쇠똥이로구나."

그는 손을 털어 내다가 담 모퉁이에 부딪쳤다. 아프고 놀라 손을 입에 집어넣는 것이 너무 가련해 보였다. 옥문에 당도하니 춘향이 들어오라고 말했다.

허 봉사가 말했다.

"네 일에 대해서는 나도 할 말이 없다. 곤장 맞은 자리나 한번 만져 보자꾸나."

춘향이 두 다리를 끌러 보이니, 음흉한 판수 놈이 상처는 만지지 않고 종아리를 더듬으며 하는 말이,

"어이구머니, 몹시 쳤구나. 김 패두가 치더냐 이 패두가 치더냐, 바른대로 일러라. 굿날 받으러 오거든 죽을 날을 가르쳐 줄 것이니……."

그 말을 하면서도 허 봉사는 더듬는 것을 멈추지 않았다. 춘향은 분하여서 뺨을 치려 하다가 그래도 점은 잘 치지 않을까 하여 참고 있었다.

"봉사님, 우리 부형과 좋은 벗으로 다니시더니, 내가 불행하여 부친이 먼저 세상을 버리셨습니다. 이러지 마시고 점이나 잘 봐 주세요."

그러자 허 봉사는 말뜻을 알아듣고,

"네 말이 맞다. 우리 사이가 어찌하면 연인이 되는 수도 있느니라."

하였다.

"저는 봉사님을 부모로 생각하니 점이나 잘 쳐 주세요."

춘향이 이렇게 말하며 서 돈을 쥐어 주니, 판수는 사양하는 척하며 왼손으로 받아 넣었다.

"우리 사이에 복채가 없으면 뭐 어떻다고…… 자, 꿈 이야기나 자세히 해 보거라."

"이상하게도 들창 앞에 앵두꽃이 휘날리고, 거울의 한복판이 쫙 갈라지고, 문 위에 허수아비가 달려 있는가 하면, 옥의 담 위에서 까마귀가 까옥까옥 울지 않겠어요?"

"그것뿐이었느냐?"

"또 설핏 잠이 든 사이에 꿈을 꾸는데, 한양에 있는 서방님이 금관을 쓰고 옆에 와 있더군요."

"글쎄, 무슨 뜻일까? 어디 한번 점을 쳐 보자."

봉사는 주머니에서 은마구리 대모 산통을 꺼내더니, 큰기침을 한 번 하고 나서 높이 들고 축사를 외웠다.

"저 태서의 믿음직한 말을 빌려 존경을 다하여 축원하옵니다. 하늘이 언제 말씀하시었고 땅이 언제 말씀하셨으리오마는, 두드리면 곧 응하시는 것이 신령하심이니 응감하시와 신통하게 해 주옵소서. 고할 때 알지 못하고, 그 의심을 풀지 못할 때 다만 마음과 혼령이 원하는 바를 가르쳐 주시옵소서. 모년 모월 모일 해동 조선국 전라도 남원부 동면 이화동에 사는 곤명 임자생 열녀 성춘향이 무슨 달 무슨 날에 옥중에서 풀려나며, 한양 삼청동에 사는 이 도령은 무슨 달 무슨 일에 남원부에 도착하오리까? 엎드려 빌건대 가르쳐 주옵소서."

허 봉사는 축문을 마치고 산통을 철겅철겅 흔들어 괘를 뽑은 뒤, 꾸무럭꾸무럭 손으로 더듬어 본다.

"어디 보자. 일 이 삼 사 오 육 칠! 허허, 상괘가 나왔구나. 꽃이 떨어지니 능히 열매를 이룰 것이고, 거울이 깨지니 어찌 소리가 없으며, 문 위에 허수아비를 달았으니 이는 반드시 이 도령이 급제하여 곧 만나게 될 점괘이니라."

"판수님 말씀대로만 된다면 얼마나 좋겠습니까?"

"허허, 범이 인왕산을 나와서 밤에 한강수를 건넜다 하는 것이니, 그게 바로 내려오는 거동이야."

"이야기가 너무 쉽군요."

"어허허, 옷고름을 맺고서 내기를 걸어도 좋지. 내 점은 신점이야."

"정말입니까?"

"어허, 남의 말을 잘 믿지 않는구먼."

"그렇게만 되면 봉사님의 수고를 곱으로 갚아 드리지요."

그 때 옥사장이 재촉하듯 말했다.

"여보, 아직도 점을 덜 쳤소?"

그러자 허 봉사는 산통을 주머니에 집어넣고 일어섰다.

"이제 끝났소? 애매한 놈 목 달아나게 하지 말고 어서 일어나 나가시오."

옥사장은 봉사가 나오는 것을 기다려서 자물쇠를 덜커덩 채웠다. 꼬끼오──하고 멀리서 첫닭 우는 소리가 들렸다.

한편 한양성의 이 도령은 밤낮을 가리지 않고 백 수레의 책을 읽었다. 글로는 이백이고, 글씨는 왕희지 같았다. 나라에 경사가 있어서 태평과를 열었는데, 이 도령도 거기에 응하기로 하였다. 서책을 품에 안고 과거장으로 들어가 좌우를 둘러보니, 수많은 선비들이 임금님께 절을 하고 있었다. 맑고 고운 궁중의 풍악 소리에 앵무새가 춤을 추었다. 드디어 임금님께서 정한 제목이 내려졌다.

'춘당춘색고금동'

춘당은 지금 창경원 안에 있는 춘당대를 말하는 것이다. 제목은 '춘당대의 봄빛은 예나 지금이나 같다'는 뜻이었다.

초조하게 기다리고 있던 선비들은 시제가 내려지자 술렁대기 시작했다. 그러나 이 도령만은 곧장 벼루에 먹을 갈아, 단숨에 글을 죽 써 내려갔다.

정말로 운이 좋아서 그런 것인지, 그 동안 자기가 익혀 온 글 중에서 시험 문제가 나온 것이다. 사람들 틈을 헤치고 나가 제일 먼저 시험지를 제출하니, 시험관은 받기는 하면서도 설마 이렇게 빨리 쓸 리가 없다는 표정으로 이 도령을 쳐다보았다.

그러나 다른 시험관이 시험지를 보더니 어어——하고 감탄의 한숨을 내쉬었다. 그리고는 다른 시험지에는 눈길을 주지 못하고 이 도령의 글만 보며 몇 번이나 고개를 끄덕이곤 했다. 이 도령은 붓에다 먹을 흠뻑 묻혀 가지고, 글자마다 비점을 찍고 글귀마다 관주를 쳤던 것이다.

'비점'이란 글의 묘한 부분에 점을 찍는 것이고, '관주'는 더욱 묘한 부분에 동그라미를 치는 것이다.

문체도 세련되었지만, 서체도 뛰어난 작품이었다.

"음, 드물게 보는 재주로구나……."

시험관은 탄복을 금치 못하면서 이 도령을 장원으로 뽑았다.

이 도령은 세수를 한 뒤에, 도포를 입고 정원 사령의 뒤를 따라 어전에 나가 절을 올렸다. 임금께서 손수 술 석 잔을 내리시고 어사화를 내려 주면서 풍악을 울리게 하였다.

어사화란 임금이 장원한 사람에게 내려 주는 종이로 만든 꽃으로, 지금의 월계관과 비슷하다.

이 도령은 머리에는 어사화, 몸에는 앵삼을 두르고 거리를 걸었다. 과거에 급제한 사람에게 내려지는, 삼일 유가(급제자가 사흘 동안 친척이나 먼저 급제한 사람을 방문하는 일)를 즐기는 중이었다. 이것은 나라에서 뒷받침해 주어 이루어지는 자축 행사로, 글로써 출세하려는 선비들에게 있어서는 가장 영광스러운 일이었다.

이 도령은 이런 행사에도 별 관심이 없었다. 오로지 장원급제하면 데리러 가겠다고 약속한 춘향이 생각뿐이었다. 자나깨나 잊지 못하는 춘향의 얼굴이 눈앞에 어른거릴 따름이었다.

이제는 춘향을 만날 수 있게 되었지만, 한편으로는 춘향이 지금까지 변하지 않고 옛 모습 그대로 자기를 기다리고 있을까 염려되었다.

삼일 유가를 마친 이 도령은 선영의 산소에 가서 성묘를 하고, 임금님께 나아가 하직 인사를 하였다.

"음! 경의 재주는 조정에서 으뜸이구나. 그런데 어떤 벼슬을 하고 싶으냐?"

"예에, 연소하고 재주 얕은 소신에게 소년 급제를 주시오니, 천은이 망극하여 감히 아뢸 바를 모르겠사옵니다. 그러나 소신이 듣기에 먼 고을의 탐관오리가 직권을 남용하여 위로는 성은을 망각하고, 아래로는 순박한 백성을 괴롭힌다 하오니, 암행 어사를 제수해 주시면 곳곳의 탐관을 적발하고 민생을 도탄에서 구해 볼까 하옵니다."

"음, 기특한 인재로구나. 그 많은 벼슬자리를 다 버리고 암행 어사를 원하다니, 그게 바로 숨김 없는 충정이로다."

임금은 즉석에서 수의와 마패와 유척을 내려 주셨다. 수의는 어사가 입는 수놓은 옷을 말하며, 마패는 역마를 징발하는 패로서 어사의 인장도 되고 신분증 역할도 하는 것이다. 또한 유척은 여러 가지 행정의 일을 감사하는 데 쓰는 놋쇠로 만든 자를 말하는 것이다.

부모님께 하직 인사를 하고 다음 날 서울을 떠나는데, 모든 일이 급하고 바빴다. 서리와 중방, 역졸 등을 거느리고 남대문 밖을 나선 이 도령은 청파역에서 말을 잡아탔다. 청파동의 칠패와 팔패, 용산의 배다리, 이태원 부근의 밥전거리를 지나고, 흑석동에 있는 동작 나루를 건너 남태령을 넘어서 과천읍에서 점심을 먹었다.

빗막 역마를 갈아타고 냉천 고개 인덕원 갈미술막 사그내 지지대를 넘고 미륵단을 지났다. 또 영화역에서 말을 갈아타고서는 수원 북문에 도착하여 남문 밖에서 하루를 쉬었다. 다음 날, 진개울을 넘고 오메진을 지나 진위에 이르러 점심을 먹고, 희대원 넘어 칠원을 지나 가양에서 역마를 갈아타고 내려갔다.

소사 술막에서 하루를 쉬고 상류천, 하류천, 새술막을 지나 천안읍에서 점심을 먹었다. 오후에는 천안 삼거리, 도리치고개를 넘어 김제역에서 말을 갈아 탔다. 신구의 덕평을 얼른 지나 원기에서 또 하룻밤을 지냈다. 다음 날은 팔풍정, 활원, 광정, 모란, 공주, 금강을 건너 감영에서 점심을 먹었다. 오후에는 소개문, 어미널티를 지나 경천에서 밤을 지냈다.

다음 날, 노성 읍내를 얼른 지나 평창역에서 말을 갈아타고 풋개, 사다리, 은진읍을 지나 까치다리, 황화정, 지어미고개를 지나 여산읍에서 잠을 잤다.

이튿날 날이 밝은 뒤에 역마를 모두 물리고 나서 남루한 옷차림으로 변장을 하고, 각자 행동을 개시하도록 명령하였다.

"너희들은 듣거라."

"예에."

하고 서리, 중방, 역리, 역졸들이 일렬로 빙 둘러섰다.

"전라도의 맨 처음 읍이 바로 이 곳 여산이다. 지금부터 각자가 맡은 일을 해야 하는데, 이것은 아주 중요한 일이다. 조금이라도 어긋나는 일이 있다가는 추호의 용서도 없을 터이니 명심하거라, 알겠느냐?"

"예에이이!"

암행어사 이몽룡은 또 추상 같은 호령을 내려 부하들에게 분부하였다.

"먼저 서리는 좌도로 들어 진산, 금산, 무주, 용담, 진안, 장수, 운봉, 구례의 여덟 읍을 순행하여 아무 날 남원읍으로 대령하거라. 다음으로 중방과 역졸들은 우도로 들어가 용안, 함열, 임파, 옥구, 김제, 만경, 고부, 부안, 흥덕, 고창, 장성, 영광, 무장, 무안, 함평으로 순행하여 아무 날 남원읍으로 대령하거라. 또한 종사는 익산, 금구, 태인, 정읍, 순창, 옥과, 광주, 나주, 창평, 담양, 동복, 화순, 강진, 영암, 장흥, 보성,

흥양, 낙안, 순천, 곡성으로 순행한 다음 아무 날 남원읍으로 대령하도록 하거라."

이와 같이 부하들을 세 방향으로 나누어 가도록 분부한 후에 자신의 행장을 차렸다. 모자 없는 헌 파립에 버레줄을 총총히 매어 질이 나쁜 비단으로 만든 갓끈을 달아 쓰고, 헌 도복에 무명실 띠를 가슴에 둘러매고, 살만 남은 헌 부채에 솔방울을 달아 햇빛을 가렸다. 어사는 통새암과 삼례에서 숲정이, 공북루 서문을 얼른 지나 남문에 올라 사방을 둘러보았다. 서호의 강남이 바로 여기였다.

어사는 기린봉 위에 솟은 달이며 한벽당의 안개, 남고사의 저녁 종소리, 건지산 위에 솟은 보름달, 다가산의 활 쏘아 맞추는 과녁, 덕진 연못의 연뿌리 캐기, 비비정에 날아 내리는 기러기, 위봉산의 폭포 등 완산 팔경을 다 구경하고 천천히 내려왔다.

각 읍 수령들은 암행어사가 온다는 소문을 듣고 민정을 가다듬고 걱정을 하기 시작했다. 이방·호방은 혼을 잃고, 공사를 회계하는 형방과 서기들은 여차하면 도망치려고 신발을 신고 있었다. 이 때 어사는 임실 구화뜰 근처에 당도했는데, 이 때가 마침 농사철이라 농부들이 농가를 부르는 소리가 들려왔다.

어여로 상사디요
천리건곤 태평시에
도덕 높은 우리 성군
당구 연월 동요 듣던
요 임금의 성덕이라
어여로 상사디요

순 임금 높은 성덕으로 내신 따비
역산의 밭을 갈고
어여로 상사디요

신농씨 내신 용구
천추만대 유전하니
어이 아니 높던가
어여로 상사디요

하우씨 어진 임금
구 년 홍수 다스리니
어여로 상사디요

은왕 성탕 어진 임금
대한 칠 년 당하였네
어여로 상사디요

이 농사를 지어
우리 성군께 공세한 후에
남은 곡식 장만하여
앙사 부모 아니하며
하육 처자 아니할까
어여로 상사디요

백초를 심어

사시를 짐작하니
유신한 게 백초로다
어여로 상사디요

청운 공명 좋은 호감
이 업을 당할소냐
어여로 상사디요

남전 북답 가경하여
함포 고복 하여 보세
얼럴럴 상사디요

어사는 대지팡이를 짚고 이만치 떨어져 〈농부가〉를 듣다가 말했다.
"올해도 대풍이로고."
또 한 쪽을 바라보니 몸이 튼튼한 노인들이 끼리끼리 모여서, 갈대로
만든 삿갓을 쓰고 쇠스랑을 손에 들고 〈백발가〉를 부르고 있었다.

등장 가자 등장 가자
하느님 전으로 등장 갈 양이면
무슨 말을 하실는지
늙은이는 죽지 말고
젊은 사람 늙지 말게
하느님 전에 등장 가세

원수로다 원수로다

오는 백발 막으려고
오른 손에 도끼 들고
왼손에 가시 들고
오는 백발 두드리며
가는 홍안 걸어다녀
청사로 결박하여
단단히 졸라매되
가는 홍안 저절로 가고
백발은 시시로 돌아와
귀밑에 살 잡히고
검은 머리 백발 되니
조여청사 모성설이라
무정한 게 세월이라
소년 행락 깊다 한들
왕왕이 달라 가니
이 아니 세월인가

천금 준마 잡아타고
장안 대도 달리고저
만고 강산 좋은 경치
다시 한 번 보고지고
절대 가인 곁에 두고
온갖 교태 놀고지고
화조 월석 사시가경
눈 어둡고 귀가 먹어

볼 수 없고 들을 수 없어
하릴없는 일이로세

슬프다 우리 벗님
어디로 가겠는고
구추 단풍잎 지듯이
선뜻선뜻 떨어지고
새벽 하늘 별 지듯이
듬성듬성 떨어지니
가는 길이 어디메뇨
어여로 가래질이여
아마도 우리 인생
일장춘몽인가 하노라

노래를 잠깐 쉬고 논두렁에 나와서 술 한 잔 마시고 다시 논에 들어
간 그들은, 취한 김에 이번에는 춘향의 노래를 부른다.

일락서산 해 떨어진다
모춤을 들어라 모 포기를 찢어라
얼른 쥐어 쳐서 저 논 한 배미 더 심어 보자
얼럴럴 상사디요

이 논 임자 배 호장이 인심은 좋으니라
읍내 성춘향 잡혀 갈 때
본관에게 그리 말라 여러 번 품했는데

본관의 욕심에는 반 귀도 아니 차서
얼럴럴 상사디요

태장 치고 곤장 치고
착가 엄수하여
나날이 오른다네
꼿꼿한 춘향이 중도 개절할 리 있나
얼럴럴 상사디요

서울 양반 간나위새끼 돌아서면 그뿐일레
구관 사또 자제 이 도령인지
춘향이가 저 지경 되어도 돌보지도 않나 보다
불쌍한 젊은 목숨 죽나니 춘향일세
얼럴럴 상사디요

독하더라 독하더라 신관 사또 독하더라
연약한 춘향이를 그다지 몹시 치니
어미 죽인 원수라도 그렇게는 못하리라
얼럴럴 상사디요

죄 없는 성춘향이 청춘이 속절없어
옥중 고혼 되고 말까 안타깝고 불쌍하다
인물인들 오죽하며 재주는 범연한가
우리 남원 만고 가인
억울한 그 목숨 내일 모레는 꼭 죽인다네

얼럴럴 상사디요

합죽이 춘향 어미 월매 팔자 기박해라
꽃 같은 딸 하나 죽는 모양 어찌 볼꼬
날마다 옥 문전에 울고불고 다니면서
하느님 날 살리라니 측은해 못 듣겠네
얼럴럴 상사디요

근래에 관장들은 제 욕심만 채우려고
생때 같은 유부녀를 한사코 겁탈하려 들고
다 죽어 가는 이 백성을 함부로 볶아치니
요새는 어쩐 일로 남대문이 귀가 먹어
마패 소리도 아니 나네
얼럴럴 상사디야

이렇게 한창 노래를 부르는데, 그 중에서 늙은 농부 두 사람은 허리를 쭈욱 뽑더니만, 어사가 앉아 있는 언덕으로 와서 부싯돌을 쳐 담뱃대에다 불을 붙이느라고 입으로 뻐억뻐억 소리를 낸다.

"어──그 농부 인심 좋네."

뭐라 말하는가 보려고 어사가 말을 거니까 농부는 잔뜩 못마땅한 얼굴을 해 가지고 돌아본다.

"여보, 이 고을 원님 공사가 어떠하오?"

"허허, 제가 어사나 되는 듯이 공사를 묻고 태사를 묻고 하네. 밥 잘 먹고, 술 잘 먹고, 호미질 잘 하고, 가래질 잘 하고, 심지어 소시랑질까지 잘 하니 그 위에 더한 명관이 어디 있겠소? 그런데 그놈이 내일 잔치

뒤에 춘향이를 때려 죽인다든가 어쩐다든가…… 망할 자식! 짚 둥우리 하나면 호강을 할 테지."

나오는 대로 씨부렁대니까, 옆에 앉아 있던 농부가 팔을 꿈쩍한다.

"이 사람아, 자네 사발통문 못 보았나?"

"보잖구! 사십팔 면에 있는 머슴만 해도 여러 천 명일세."

"쉬──."

말을 그만 하라고 눈짓을 하는 것을 보고, 어사는 다른 말을 꺼내 본다.

"여보, 춘향이가 다른 서방 보느라고 본관의 말을 잘 안 듣는다지요?"

그랬더니 그 농부가 어사의 뺨을 올려붙였다.

"뭐야, 이 자식! 수절하는 춘향에게 생모함을 해 대다니! 이놈아, 네 눈으로 봤느냐, 네 귀로 들었느냐?"

"어이구, 여보 살려 주오. 한 번 실수는 병가 상사라 하던데, 내 모르고서 맞아죽을 말을 했으니 용서해 주시오."

어사는 싹싹 빌면서 기겁을 해 도망쳐 나왔다. 그는 오수역에서 늘어지게 잠을 잔 뒤 박석고개를 넘어 남원읍에 도착했다. 바야흐로 땅거미가 지고 있었다.

어사는 걸음을 멈추고 서서 후우──하고 한숨을 내쉬었다.

오랜만에 보는 정든 땅의 모습이라 감회가 깊었기 때문이다. 옛날에 보던 교룡산성, 옛날에 보던 선은사의 숲이건만 무엇보다도 마음을 아프게 하는 것은 춘향의 집이 있는 남문 밖의 경치였다.

옛날에 거닐던 자리를 더듬어 광한루에 올랐을 때는, 날이 이미 어두워 달이 떠오르고 있었다. 건너편을 바라보니, 춘향을 처음 만났던 버드나무 숲은 희미한 달빛에 가려 있고, 오작교도 꿈 속인 듯 고요하게 서 있었다.

어사는 저도 모르는 사이에 춘향의 집 앞까지 걸어갔다. 삼 년이라는 세월이 이처럼 세상의 모습을 변하게 하는 것일까! 대문 앞에 멈춰 서 있던 어사의 입에서는 또 한 번 무거운 한숨이 뿜어져 나왔다.

울 안에 있는 나무들은 옛 모습 그대로인 듯하나 담벽에 칠해져 있던 회는 죄다 벗겨져 있고, 기왓장도 모두 헐고 무너져 있었다. 들어가 볼까말까 망설이던 어사는 살며시 대문을 밀어 보았다. 다행히 문이 잠겨 있지 않았기 때문에 몸을 옆으로 하고 소리가 나지 않도록 가만가만 들어갔다. 예전 같으면 개라도 소리를 냈을 텐데, 그런 것도 없었다. 발끝에 끌리는 그림자를 보고서 어사는 하늘을 쳐다보았다. 달이 나는 듯이 빠르게 검은 구름 속으로 들어가려 하고 있었다.

한참을 지켜보고 있으려니 달은 빨려들 듯 구름 속으로 자취를 감추고 말았다. 집 뒤꼍에 무언가 훤한 것이 보여 다가가 보니, 춘향 어미 월매인 듯한 노파가 후원 담 밑에다가 칠성단을 모아 놓고 치성을 드리고 있었다.

소반 위에는 정화수 한 그릇이 놓여 있었다. 달이 다시 구름 속에서 튀어나오므로 어사는 행여 자신의 모습이 보일까 나무 사이로 몸을 감추었다. 월매는 향을 피우고 두 번 절을 하고 나서 축원을 했다.

"하늘과 땅의 귀신이여. 해님, 달님, 별님은 변하여 한 가지 마음이 되옵소서. 다만 내 딸 춘향이를 금쪽같이 길러 내어 외손 봉사를 바라려 했더니, 무죄한 매를 맞고 옥중에 갇혔으니 살릴 길이 없습니다. 하늘과 땅의 신령님은 감동하사, 한양성 이 도령을 청운에 높이 올려 내 딸 춘향이를 살려 주십시오."

장모는 두 손바닥을 문지르면서 한참 빌다가, 마침내 쓰러지면서 울었다.

"애고애고, 춘향아. 금지옥엽같이 길러 낸 끝이 어찌 이 모양이 되었단 말이냐. 태어날 데가 없어서 하필 이 죄 많은 년한테 태어나, 어미 죄로 네가 죽는단 말이냐!"

장모가 치성 드리는 광경을 보고, 또 이렇게 우는 소리를 들으니 어사는 눈물이 핑 돌았다. 조상의 음덕으로 과거에 급제한 줄 알았더니, 이 장모의 덕이었구나 싶어서 와락 달려가 붙들고 같이 울고 싶었다. 그러나 자기는 아직 못된 벼슬아치들을 다스려 바로잡아야 할 몸, 더구나 아직까지는 살아 있는 춘향이니 하룻밤만 더 고생시켜도 되겠지 하는 생각이 들었다. 어사는 장난을 해 볼 마음으로 발끝을 세워 살금살금 대문 앞으로 걸어갔다.

"이리 오너라!"

"게 뉘시오?"

"날세."

"나라니, 뉘신가?"

"이 서방일세."

"이 서방이라니?"

"허허, 장모. 망령이라도 들었소. 어찌 나를 모르는가?"

"자네가 누구란 말인가?"

"사위는 백년 손님이라 하였는데, 어찌 나를 모르는가?"

그 때서야 월매는 반가운 목소리로,

"애고애고, 이게 누군가? 이 사람아, 자네가 나를 찾아오다니 하느님이 감동하셨나, 부처님의 영감인가! 하늘에서 떨어졌나, 땅에서 불끈 솟아났나! 바람이 크게 일어나더니 바람결에 실려 왔나! 여름 구름이 산봉우리를 휘감더니 구름 속에 싸여 왔나! 어디, 옛 모습 그대로인가. 어서 들어가세, 어서 들어가."

어사의 손목을 끌고 방 안으로 들어가 앉혀 놓은 월매는 바쁘게 심부

름하는 아이한테 지시를 내린다.

"얘야, 너 혼자 할 수 있겠느냐? 건넌방에도 불 지펴 놓고 옆집에 가서 뒤숭 어미 불러 밥 지으라고 해라. 두루쇠 불러 관에 가서 고기 사 오라 하고, 너는 저 닭장에 있는 씨암탉이라도 잡아서 빨리 반찬 장만하도록 하여라."

이렇게 이르고 방으로 들어가 사위 앞에 앉는다.

"어디, 오래간만에 우리 사위님 얼굴 좀 보세."

그러다가 불빛에 비친 어사의 몰골을 본 월매는 기절하기 직전에 이르렀다.

"아아니, 이 사람…… 자네가 이 서방 맞나?"

"뭐가 어찌 됐소?"

"자네 풍채가 왜 이 모양인가?"

찌그러진 갓에다 굴뚝 속에서 나온 듯한 도포!

"장모! 내 말 좀 들어 보오. 책은 만 권이나 읽었지만 과거를 못 보았으니 벼슬길이 끊어졌고, 가산이 몰락해 버렸으니 문전걸식으로 남의 집 개나 짖게 할 판이오. 내가 궁해지니까 아는 사람들밖에 생각이 나질 않는 거요. 그래서 생각다 못해 장모라도 한 번 만날 생각으로 이 곳에 왔소. 그런데 장모의 형편도 전 같지 않은 것 같소. 그뿐 아니라 내려오면서 들으니 춘향이도 옥에 갇혀서 다 죽게 되었다고 하니, 갈수록 내 신세가 왜 이렇게 되는지 모르겠소."

그 소리를 들은 월매는 두 손으로 가슴을 치면서 울었다.

"아이고, 죽었구나! 우리 모녀 다 죽게 생겼구나! 아이고, 하느님도 어쩌면 이렇게 야속하고 무심하실까! 에라, 모두가 쓸데없다. 손발이 다 닳도록 빌기만 하면 뭘 하나! 아이고, 불쌍해라! 내 딸 춘향아, 어미 하나 잘못 만난 죄로 원통하게 죽어 가는구나. 너 죽는 걸 어이 보나. 차라리 내가 먼저 죽어야지.”

이번엔 두 손으로 방바닥을 쾅쾅 치면서 통곡을 하니까, 어사는 민망해서 월매를 안아 일으킨다.

“여보, 장모. 나를 보아서 진정하오!”

“에라, 놔라. 보기도 싫다. 이 도적놈아! 네가 이 꼴을 해 가지고 무슨 낯짝으로 나를 찾아왔느냐? 이 양반 도둑놈아, 꼬락서니를 보니까 포교 눈에 띄면 영락없이 붙잡혀 가겠다.”

“이보오, 장모. 사람 너무 괄시 마오. 행색이야 이 모양이지만 세상일을 어떻게 아오? 하늘이 무너져도 솟아날 구멍이 있다고, 혹시 살아갈 길이 있게 될지 누가 아오?”

월매는 혀를 끌끌 찼다.

“애고, 저 꼬라지에 그래도 무슨 별수가 있을 줄 아네. 어사가 될까, 감사가 될까. 꼭 객사할 꼴이네.”

“무슨 사가 되든, 사만 되면 될 것 아니오? 그런데 장모, 배가 고파 죽겠소. 우선 밥 좀 주시오.”

“밥 없다.”

그러나 들여 온 밥상을 본 어사는 일부러 월매에게 밉게 보일 마음으로, 밥상을 두 다리 사이에 끼고 앉아 반찬 하나 남기지 않고 싹 비워 버렸다. 그것을 보더니 월매는 돌아앉으며 고개만 돌려 어사의 아래위를 훑어보았다.

“잡것이 제대로 된 것은 하나도 없고, 밥만 잔뜩 먹어 식충이가 되었구나. 가만히 보니까 빌어먹게도 생겼다.”

어사는 예사로 듣는 척하며 곰방대를 꺼내 담배 한 대를 피워 물더니, 월매를 돌아보며 말했다.

“그런데 장모, 밥을 먹었으니 이제 춘향이를 보러 가야지.”

월매는 또 한 번 어사를 훑어보며 혀를 찼다.

"저 꼬라지에 그래도 제 것은 다 찾아 보겠다고?"

그러고 나서 얼마를 있으니까 첫 새벽을 알리는 파루 소리가 들려왔다.

월매는 마지못하여 이 도령을 데리고 옥문 밖에 가서 춘향을 불렀다. 춘향은 칼 머리를 베고 누웠다가 깜짝 놀라 물었다.

"누구시오?"

월매가 창살 앞으로 바싹 들어섰다.

"나다."

"아이구, 어머니! 날도 안 샌 이른 새벽에 또 무얼 하러 오셨소?"

"왔다!"

"오다니, 무엇이 와요? 한양서 편지가 왔소, 아니면 날 데리러 사람이 왔소?"

"한양서 이 서방이 왔구나. 잘되고, 귀히 되고, 고만 되고, 짝없이 되고, 흥나게 되고, 불쌍히 되고, 상거지 된 네 서방 여기 왔다."

춘향이 그 말을 듣고 수세미같이 헝클어진 머리채를 가다듬고는, 두 손으로 땅을 짚고서 뭉그적뭉그적 기어 나온다.

"허허, 이게 무슨 말씀이오? 꿈에 잠깐 보이던 님을 생시에 보게 됐단 말씀이오? 서방님, 서방님! 진정으로 오셨소? 어서 말소리나 들려 주시오."

월매는 춘향의 이런 모습조차 보기 싫어서 혀를 찼다.

"그 꼬라지를 듣고서도 단박에 미치는구나."

"어머니, 그런 말씀 마시오. 잘 되어도 내 낭군! 못 되어도 내 낭군! 큰 벼슬도 싫고 많은 재물도 다 싫소. 어머니가 정해 주신 배필인데, 좋고

싫고가 무슨 말이오? 한양에서 일부러 찾아오신 낭군을 어찌 그리 괄
시하시오?"

그 때서야 이 도령은 창살 사이로 고개를 디민다.

"춘향아, 고생이 심하구나. 모든 일이 다 내 탓이로다."

"서방님, 그 틈으로 손을 넣어 저를 좀 일으켜 주세요."

이 도령이 손을 내밀어 주니 춘향이 간신히 그 손을 잡고서 일어나
앉았다. 그녀는 감격해서 탄식이 터져 나왔다.

"아이고, 무정한 서방님. 어디 갔다 이제 오우?"

"내가 할 말이 없다."

"그렇지만 하느님이 감동하여, 이렇게 죽지 않고 살아서 서방님을 보게
되었으니 이제 죽어도 여한이 없소. 그런데 서방님, 그 동안 장가는 드셨
소?"

"장가가 다 뭐냐? 나도 너와 이별하고 한양으로 올라가 네 생각 하느라
공부도 못하고, 아버님께 쫓겨나서 진작부터 친구 집으로 돌아다니면
서 모진 목숨을 이어 왔구나. 그래서 너한테 소식 전할 사이도 없었단
다. 그런데 네가 하도 보고 싶어서 이번에 이렇게 내려와 봤더니, 너는
나보다 더 참혹하게 되어 있구나."

이 도령이 훌쩍훌쩍 우는 소리를 내니 춘향도 따라 울었다.

"하느님도 야속하시지. 어쩌면 우리 두 사람 신세를 요 모양으로 만들
어 놓는단 말이오?"

"내 말 안 듣더니 잘 되었지 뭘 그러느냐!"

"어머니, 그런 말씀 마세요. 서방님을 모시고 집으로 가서 우리 둘이
인연 맺은 부용당에 둘이 덮던 금침을 내어 펴 드리고, 건넌방 삼층 장
안에 있는 피륙 몇 필 꺼내어서 서방님의 아래위 의복 짓고 망건 곱게
하되 머리에 잘 맞춰 주세요. 대님, 줌치, 쌈지, 염낭 지어 놓은 것이

자개함에 있으니 철에 맞는 것으로 내어드리고, 오색 바탕에다 자주 코를 놓은 태사혜 한 켤레 맞추시고, 향교 마을 성 좌수한테 돈 이천 냥 맡겨 놓은 게 있으니, 그 돈 찾아다가 살림에 보태 쓰세요. 하루 걸러 한 번씩 고기 사다가 시장하지 않게 권해 드리고, 어머니도 같이 잡수세요. 내가 집에 없다고 어머니가 화를 내 행여라도 서방님을 불편하게 하시면, 천 리에서 오신 손님 마음이 어떻겠소? 어머니는 제 마음을 잘 아시지 않습니까?"

그리고는 이 도령에게 부탁의 말을 했다.

"서방님, 들으니까 내일이 본관 사또의 생일이라 잔치 후에 저를 죽인다고 합디다. 그러니 저는 죽을 수밖에 없을 터이니, 서방님은 아무 데도 가지 마시고 옥문 밖이나 삼문 밖에 지키고 계시다가, 춘향 올리라고 영을 내리거든 죽으러 가는 사람 칼 머리나 들어 주세요. 그래서 제가 죽거들랑 다른 사람은 손대지 못하게 하고, 서방님이 달려들어 저의 시신을 들쳐업고 제 집으로 돌아가셔서, 시신 눕히는 곳에 반듯이 눕혀 주세요."

"춘향아!"

"그래서 서방님이 땀에 전 속적삼을 벗겨 내어, 손수 초혼을 불러 주신 다음에, 입으려고 만들어 놓은 의복 골고루 많으니 그 중에서 골라 입혀 한적한 곳을 찾아가서 묻어 주세요. 그 때 서방님 속적삼 벗어서 제 가슴에 덮어 주시고, 무덤 앞에 표석을 세워 그 석면에다 글을 쓰시되 '수절원사 춘향지묘' 라 해 주시면 죽은 영혼이라도 아무 한이 없겠습니다."

춘향은 목이 메어서 한참동안 말을 잇지 못하더니 마지막으로 또 하나의 부탁을 한다.

"서방님, 도리는 아니지만 긴하게 부탁할 말 하나가 더 있어요."

"무슨 말이냐?"

"낭군을 못 섬기고 죽는 년이 또 무슨 염치로 부탁을 드리겠습니까만, 제가 죽어도 눈을 감을 수 없는 것은 불쌍한 어머니 때문이에요. 서방님, 어려우시더라도 저 죽고 난 뒤에 저의 노모 버리지 않고 돌봐 주시면 죽어 황천에 가도 결초보은 하겠나이다."

그 동안 몇 차례나 닭 우는 소리가 들려 오더니, 어느 새 날이 환하게 밝아 왔다. 옥사장이 멀찌감치 앉아서 담배를 뻑뻑 빨고 앉아 있다가, 담뱃대를 톡톡 털고 옥문 앞으로 걸어 나왔다.

"이제 그만 돌아가도록 하오. 이렇게 와 있는 것이 남의 눈에 띄었다가는 이놈의 모가지가 날아가고 말 거요."

옥사장이 재촉하는 바람에 이 도령도 마지막으로 춘향을 위로했다.

"걱정 마라, 춘향아. 이제 날이 밝았으니 생사간에 또 한번 만나기로 하자. 너무 서러워 말거라."

어사 이몽룡은 옥문을 나와 주막집에 들어가서 아침으로 해장국 한 그릇을 비우고 광한루로 갔다. 점심때쯤 해서 서리, 중방, 역졸들이 모두 그럴싸하게 변장을 하고 하나둘씩 모여든다.

"사또, 문안드립니다."

차례로 어사 앞에 가서 귓속말로 염탐한 결과를 보고하니, 어사는 일일이 다 듣고 난 뒤에 역시 낮은 소리로 지시를 했다.

"오늘이 본관 사또의 생일날이니, 너희들은 삼문 근처에서 대기하고 있거라."

우선 어사부터가 찌그러진 갓에 후줄근한 차림이었다. 이웃 고을에 있는 수령들이 온갖 복색을 하고, 교자를 타고, 혹은 나귀를 타고서 많은 수행원들을 데리고 삼문 안으로 들어가고 있는데, 수령 하나가 들어갈 적마다,

"어라——."

하는 소리가 위엄이 있었다.

　"쉬——, 임실이오."

　"쉬——, 곡성이오."

　"쉬——, 담양이오."

　"쉬——, 순창이오."

　"쉬——, 옥과요."

　"쉬——, 구례요."

　그 뒤를 이어 진안, 장수의 수령들이 들어가는데, 주인인 변학도는 연희를 준비시키느라 각 부서의 일들을 단속하기에 바빴다.

　쇠고기를 바치는 육고자를 불러 큰 소를 잡게 하고, 예방을 불러 풍악을 연주하는 악사를 대령하게 한 후, 청사의 사람들을 불러 차일을 치게 하였으며, 사령을 불러 초대를 받지 않은 외부 사람들을 못 들어오게 엄명을 내렸다.

　이렇게 위엄으로 모든 준비를 마친 남원 부사가 상석에 앉아 있자니, 각 읍의 수령들이 차례로 앉아서 음식상에 손을 대기 시작했다. 흥겹게 피어오르는 풍악 소리와 함께 좌우에 늘어선 일등 기생들이 장단을 맞추었다. 기생들은 고운 자태를 뽐내며 춤을 추기 시작했다.

　피리는 삐——, 양금은 쨍그렁, 거문고는 둥뎅, 생황은 뽀——, 수령들은 모두 신이 나 어깨춤을 추었다. 백성이야 죽거나 말거나 이런 날만 계속되었으면 하는 얼굴들이었다.

　이럴 때에 문 밖에서 한참 안을 들여다보고 있던 어사가 앞가슴을 썩 내밀며 큰 소리로 말하였다.

　"여봐라, 사령들아. 너희 주인께 여쭈어라. 먼 데서 걸객이 잔칫집에 왔다가 안주 한 점, 술 한 잔 얻어먹고 가련다고 말씀드려라."

"이 양반이 여기가 어딘 줄 알고 함부로 들어오나? 잡인은 못 들어오게 되었으니 썩 나가시오."

왈칵 밀어 내는 사령을 어사가 오히려 저만큼 떠밀어 놓고는 동헌으로 뛰어 들어갔다.

"그까짓 남은 술 한 잔 얻어 먹고 가겠다는데 뭘 그리 까다롭게 구는 거요?"

본관이 술잔을 집다가 통인을 내려다보고 버럭 소리를 지른다.

"어서 저 미친놈을 끌어내라."

그러나 어사는 못 들은 척하고 섬돌 끝에 걸터앉으면서 혼잣말처럼 못난 소리를 한다.

"날 쫓아내라는 놈은 내 아들놈이고, 그렇다고 나가는 놈은 사람놈이 아니다. 한 잔 얻어 먹자."

사령이 끌어내려는 것을 억지로 안 나가겠다고 몸을 트니, 운봉 영장이 그 광경을 유심히 내려다보았다.

운봉은 방자의 편으로 전해진 편지를 보고, 이 지방에 암행어사가 내려왔다는 것을 눈치 채고 있었기 때문에, 저 남루한 차림의 사람이 혹시 어사가 아닐까 냄새를 맡아 보는 중이었다. 운봉이 본관에게 말했다.

"저 걸인이 비록 행색은 남루하나 양반의 후예인 듯하니, 말석에 앉히고 술이나 한 잔 먹여 보내는 것이 어떻겠소?"

"저런 것 가까이 하면 담뱃대나 부채 도둑맞기 일쑤인데, 대접은 무슨 대접을 하겠다 그러시오!"

본관이 찡그리면서 얼굴을 돌리니까, 운봉이 민망해서 통인을 불렀다.

"너, 이 양반한테 상 하나 따로 차려다 드려라."

"예에——이!"

운봉의 호의로 어사가 한쪽 옆에 끼여 앉기는 하였으나, 상이라고 주는 것이 형편없었다. 귀퉁이가 떨어진 개다리소반에 콩나물 한 접시, 멸치 부스러기 한 접시에 술이라는 것도 뿌연 막걸리 한 사발뿐이었다.

　잔뜩 심사가 뒤틀린 어사는 위로 올라가 부채자루를 쥐고는, 옆에 앉은 운봉의 갈빗대를 쿡 찔렀다.

　"여보시오!"

　운봉이 깜짝 놀란다.

　"아야! 왜 그러시오?"

　"나도 저 갈비 한 대 주오."

　"이 양반아, 갈비를 달라면 그냥 말로 할 것이지 사람의 갈비를 먹으려고 이러시오?"

　하는 짓을 보니 아무래도 예사 놈팡이는 아닌 것 같아서 운봉은 기분이 언짢아지려고 했다.

　"얘, 통인아!"

　"예에——이."

　"그 갈비 가져와 이 양반 드려라."

　그러자 어사는 벌떡 일어선다.

　"아니오. 얻어먹는 사람이 남의 수고 시킬 것까지 있겠소? 내 손으로 집어다 먹겠소."

　어사는 일부러 옷에 묻은 먼지를 음식 위에 털면서, 이 상 저 상으로 돌아다니며 맛있는 것만 골라 자기의 소반에 올려놓았다.

　"허허, 모아 놓고 보니까 꽤 많아졌네."

　갈비 한 대를 뜯다가 또 운봉의 옆구리를 쿡 찔렀다.

　"아이쿠, 이 양반이 미쳤나?"

　"내가 미쳐서 그런 게 아니라, 기생을 보니까 술이 저 혼자만으로는 안

넘어가겠다는구려. 저 기생더러 내게 술 한 잔 치고, 권주가 한 마디만 하라고 해 주시오."

그러자 운봉은 하는 수 없이 가까이에 있는 기생 하나를 불렀다.

"여봐라, 너 이 양반께 권주가 하나 해 드려라."

기생이 옆으로 와서 앉더니, 어사의 몰골을 보고는 입을 삐쭉거렸다.

"원, 기생 노릇을 해 먹으려니까 별 우스운 꼴을 다 보겠네. 누가 이런 사람을 불렀을까!"

운봉이 호령을 했다.

"고약한 년이로구나. 내가 시키면 노래나 불러 드릴 일이지 무슨 잔소리가 많으냐?"

꾸중을 듣고 나서야 기생은 풀이 죽어 술을 따라 어사에게 올렸다. 그런데 그녀가 부르는 〈권주가〉는 처음 듣는 노래였다.

"잡수시오, 잡수시오. 이 술 한 잔 잡수시면 천만 년이나 그 모양으로 사오리다."

어사는 기생을 바라보면서 웃었다.

"네 권주가는 새로 나온 권주가로구나. 한 번도 못 들어 본 소리인걸."

그리고는 실수를 해서 술을 쏟은 척, 도포 소매에다 술을 흠뻑 묻혀 가지고 좌중에다 뿌리고 털고 했다.

"에잇! 이런 좋은 자리에 고약한 객이로군."

본관이 여러 수령들과 함께 몸을 구부려 술방울을 피하다가 운봉을 보고 화를 냈다.

"운봉이 그리 하자더니 기어코 이런 변을 당하는구려!"

"그 양반이 술잔을 잘못 들어 그런 모양이오. 그런데 여기에서 내 의견을 한번 말해 볼까 하는데 어떤지요?"

본관이 안주를 집으려다 말고 그를 바라보았다.

"무엇이오?"

"이런 잔치에 풍류로만 놀아서는 그 맛이 적으니, 우리 운을 붙여 시구나 지어 봄이 어떻겠소?"

"아, 그것도 괜찮겠군."

본관이 생각하니까, 저 걸인놈이 하는 소행을 봐서 양반의 자식임에 틀림없겠으나, 젊은 놈이 버르장머리가 없는 것을 보아서는 난봉꾼에다가 무식을 겸한 놈일 터이니, 글을 짓자 하면 당장 겁을 내어서 달아나 버릴 것으로 생각했다.

"그러면 내가 운자를 띄울까요?"

"좋지요."

"그런데 글을 못 짓는 자에 한해서는 큰 벌을 주기로 합시다."

이 말은 걸객인 어사를 두고서 하는 말이었다. 모두 좋은 생각이라고 찬성을 했다.

"좋은 말씀이오. 그러면 어서 운자나 내어보시오."

"기름 고."

"기름 고라, 다음 자는?"

"높을 고!"

"기름 고, 높을 고."

지필묵을 내어놓고서 모두 시를 짓느라고 버선바닥을 부비며 끙끙대고 있었다. 그 때 어사가 나섰다.

"이 걸인도 부모님 덕에 글자는 약간 배운 게 있으니 시를 한 수 지을까 합니다."

"지어 보시구려."

무슨 못난 짓을 하나 보자고 운봉이 종이와 붓을 집어 주니까, 어사는 순식간에 글 한 수를 적어 자리 밑에 넣고는 일어선다.

"먼 데서 온 걸객이 술과 고기를 포식하고 갑니다. 잘들 노다 가시오."

그러나 좌중 누구 하나 잘 가란 인사 한 마디 없이 글 쓰기에 몰두해 있었다. 한참 후에 한 사람이 운봉을 건너다보며 물었다.

"지금 그 자가 글을 지어 놓기는 했소?"

"글쎄, 뭔가 써서 이 자리 밑에 넣어 두고 갑디다만……."

"어디 꺼내서 읽어 보시오."

운봉이 펴서 보니 글은 다음과 같았다.

금준미주천인혈
옥반가효만성고
촉루락시민루락
가성고처원성고

(금동이 속의 향기로운 술은 천 사람의 피요
옥소반의 아름다운 안주는 일만 백성의 기름이라
촛불 눈물 떨어질 때 백성의 눈물 떨어지고
노랫소리 높은 곳에 원망의 소리 높구나)

하는 내용이었다.

"아, 운봉! 큰 소리로 읽어 보시오."

그러나 크고 작고 그런 말을 하고 있을 때가 아닌 듯싶었다. 운봉은 종이를 쥐고 있는 손을 사시나무처럼 덜덜 떨었다. 제대로 읽었는지 말았는지 종이를 좌중 앞에 내던진 운봉은, 대청 아래로 내려서면서 서둘러 신발을 꿰어 신었다.

"아, 여보 운봉, 어딜 가는 거요?"

본관이 물었다.

"소피 보고 오겠습니다."

그런데 운봉의 표정이 심상치가 않다는 것을 느낀 다른 사람들도 어사의 글을 읽어 보았다. 그리고는 하나둘 서둘러 일어섰다. 이제 막 흥이 나려는 판에 모두 자리를 떨치고서 가 버리니 본관은 기분이 나쁠 대로 나빠졌다.

"갈 사람은 다 가시오. 남아 있는 우리들은 끝까지 즐길 테니."

그리고는 악공들을 돌아다보며 고함을 쳤다.

"왜 이렇게 풍악 소리가 다 죽어 가느냐?"

갑자기 풍악 소리가 왕——하며 높아지니, 본관은 흥을 돋울 방법을 생각해 보다가 소리쳤다.

"어서 춘향이를 잡아 올려라."

한편 동헌에서 어사가 나오자 서리와 역리, 역졸들이 대기하고 있었다. 어사가 나오는 것을 보자 서리는 눈을 꿈쩍, 역리는 손을 번쩍, 모두가 역소로 달려가는데, 서리가 크게 소리쳤다.

"역장아, 사또 분부 급하다. 청상 적삼 입고 홍견대를 매어라. 빨리 사또 타실 대마를 들이고, 안장 얹고, 배띠 조르고, 덧굴레 씌우고, 뒷걸이 늘여라. 그리고 평양립은 어찌했느냐? 자, 빨리 움직여라!"

금관 조복으로 바꾸어 입은 어사가 말 위에 높이 앉아 달려가니, 사자 같은 마두 역졸들은 육모 방망이를 높이 들고 나아가 삼문을 쾅쾅 치며 출두를 외친다.

"암행어사 출두야——."

"암행어사 출두야——."

하고 외치는 소리에 강산이 무너지고 하늘과 땅이 뒤집히는 듯, 초목도 벌벌 떨었다.

남문에서,

"출두야——."

북문에서,

"출두야——."

동서 두 문에서도 '출두야' 소리가 나자 남원읍 전체가 흔들렸다. 이어서

"이방·호방 등 수형리는 들라."

하고 외치니 육방이 넋을 잃고서,

"공형이오——."

하자 채찍으로 후닥닥 갈기니,

"아이고 죽네."

하였다. 그러자

"공방이오, 공방."

하자 또 채찍으로 후닥닥 친다.

"아이고, 아파라."

눈앞에 보이는 대로 마구 짓부숴 대니까 어사는 말 위에서 손을 높이 들고 지시를 했다.

"남원 고을의 육방 하인은 별반 큰 죄가 없는 것들이니 해치지는 말고, 죄 많은 수령놈들만 혼을 내 줘라!"

"예에——이."

대답 소리도 우렁차게 역졸들은 비호같이 대청 위로 뛰어 올라가 육 모방망이로 마구 부수어 댔다.

"아이고, 나 죽네."

좌수와 별감은 넋을 잃고, 이방·호방도 넋을 잃고, 나졸들은 분주하

게 움직였다. 수령들은 도망갈 길만 찾고 있었다.

"하느님, 사람 살리소!"

병풍이 휘뚝 넘어지고, 음식상이 버썩! 대야는 땡그렁, 술병은 쿨쿨! 거문고ㆍ가야금ㆍ양금ㆍ생황ㆍ장구ㆍ젓대가 산산이 부서졌다. 본관 사또는 얼이 빠져서,

"어, 추워라. 문 들어온다, 바람 닫아라. 요강 마렵다, 오줌 들여라!"
이런 식으로 더듬었다.

"아이구, 나 죽네!"

한 놈은 말을 거꾸로 타고 가려 하고, 어떤 놈은 오히려 어사 있는 곳으로 정신없이 가기도 한다.

이렇게 마른 하늘에 날벼락이 떨어져 잔치는 아수라장이 되고, 뒤가 구린 관속들은 넋을 잃고 있었다. 어사는 자리에 앉은 뒤에 본관에 대해 선고를 했다.

"본관은 봉고 파직하라."

'봉고 파직'은 악정을 한 수령을 어사나 감사가 파면시키고, 관의 창고를 봉쇄해 두는 것을 말한다.

영이 떨어지자 사대문에다 방을 붙여 백성에게 알리고 다음에는 형리를 불렀다.

"형리 거기 있느냐?"

"예이, 형리 대령하였사옵니다."

"네 고을 옥에 갇힌 죄수를 모두 올려라."

"예에——이."

어사가 이와 같이 명령하자, 이윽고 죄수들이 하나둘 그의 앞으로 불려 나왔다. 어사는 일일이 죄인들의 죄를 물어 억울한 자는 전부 석방을 시켜 준 다음에, 끝으로 춘향을 가리켰다.

"저 계집은 무엇이냐?"

"예에, 기생 월매의 딸 춘향이라 하는 아이온데, 관정에서 포악하게 군 죄로 갇혀 있사옵니다."

"무슨 죄더냐?"

"예에, 본관 사또 수청을 거절한 죄이옵니다."

어사는 큰기침을 했다.

"너같은 계집이 수절한다고 발악을 하였으니 어찌 살기를 바라겠느냐? 한데 내 수청도 거역할 것이냐?"

춘향이 그 소리를 듣자 몸을 바르르 떨면서 발악을 했다.

"어허, 내려오는 사또마다 모두 명관이로다. 어사또, 아무리 높은 곳의 바위라 해도 바람이 분다고 넘어지며, 푸른 솔과 대나무가 눈이 온다고 변하리까! 그런 분부 마시고 어서 죽여 주시오."

그러고 나서 울고 있는데 밖에서 무언가 왁자지껄하는 소리가 들려왔다. 그러더니 수십 명의 늙고 젊은 여자들이 떼를 지어 동헌 안으로 들어섰다.

"등장 들었소."

'등장'이란 많은 사람들이 관청에 호소하는 일을 말한다. 남원읍에 있는 많은 과부들이 춘향의 목숨을 구하려고 몰려 온 것이었다. 소복을 입은 사람, 장옷을 쓴 사람, 밭 매다가 온 사람 등 가지각색이었다. 떼를 지은 부녀자들이 동헌 가득히 들어서는 것을 보고 어사는 눈이 휘둥그레졌다.

"저 부인네들은 무얼 하러 온 사람들인가?"

그러자 한 여자가 앞으로 나와서 엎드렸다.

"현명하신 어사 앞에 간곡히 청할 말씀이 있어서 왔나이다."

태도도 분명하지만 말소리도 똑똑했다.

"무슨 청인지 있는 대로 말해 보아라."

"예, 아뢰올 것은 다름이 아니오라 억울한 춘향이를 무죄 방면하여 주십사 하는 것입니다. 어명을 받으신 사또께서 어찌 열녀는 두 지아비를 섬기지 않는다는 옛 말씀을 모르시나이까! 월매 딸 춘향이가 비록 어미는 기생이나, 아비는 재상이옵니다. 구관 자제 이 도령과 백년가약을 맺었더니, 호사다마라고 이 도령과 이별하여 수절을 하고 있던 중에, 본관 사또가 부임하여 춘향에게 기생 명부에 이름을 올리고 수청을 들라 하였습니다. 그러나 일부 종사하겠다고 죽기로써 거역해 정절을 지켰더니, 본관이 매질을 해 옥에 가둬 목숨이 경각에 있사옵니다. 어사또, 부디 열녀 춘향을 석방해 주시기 바랍니다."

"그건 안 될 말이지. 일개 창기가 관정 발악을 하였는데, 어찌 살기를 바라겠느냐? 나라의 법을 바로잡기 위해서라도 엄한 벌로 다스려야 할 것이다."

그러자 나이가 팔구십은 되어 보이는, 뼈만 남아 쪼그라진 노파가 사람들을 헤치고 나왔다.

"이보시오, 어사또! 이 처분이 웬 말이오? 제 말 듣지 않는다고 남의 계집 잡아다 매 치는 놈은 죄가 없고, 제 서방 지키겠다고 수절하는 사람은 벌을 받아야 하다니, 이게 이 나라 법이오, 대국 법이오? 여러 말 할 것 없이 어사또가 진정 임금의 명을 받든 사신이 되고 싶다면 지금이라도 역졸들을 보내어, 남의 계집 희롱하고 내뺀 이 도령인가 도적놈인가 하는 그놈을 잡아다가 주리를 틀어 주시오."

노파가 이를 부득부득 갈며 연신 체머리를 흔들어 대니까 역졸이 노파를 끌어당겼다.

"쉬——."

"쉬——라니!"

노파가 뒤를 돌아다보았다.

"어디 뱀이 지나가나, 쉬——가 무엇인고? 네가 역졸이냐? 그래, 죄 없는 나를 어사또라고 어쩔 수 있겠느냐?"

노파는 약이 올라서 아무것도 안보이는지 배짱을 부렸다. 어사는 웃음을 참을 수 없어서 마침내 껄껄껄 웃었다.

"이 일은 반드시 앞뒤를 따져서 처리할 터이니, 모두 돌아들 가시오."

"어사또! 가라니까 가기는 하오만 아까처럼 그런 공사하지 말고 만고에 없는 열녀 춘향을 살려 주시오. 만일 그렇지 않으면 우리가 가만히 있지 않겠소."

여자들이 물러가고 난 뒤, 어사는 염낭을 끌러 옥지환을 꺼내 쥐더니 행수 기생을 부른다.

"너 이것을 춘향에게 가져다 주거라."

행수 기생이 옥지환을 받아 들고 내려가 춘향에게 주니, 어사는 춘향에게 분부를 내렸다.

"얼굴을 들고 나를 보라."

정신이 없던 중에도 춘향은 옥지환을 보고 고개를 들었다. 이것이 하늘의 조작일까, 귀신의 장난일까? 어젯밤 옥문 밖에 왔던 낭군이 분명하고, 옥지환은 부용당에서 이별할 적에 자신이 주었던 그것이 틀림없었다.

"아이고, 서방님! 이것이 어찌 된 일이오?"

춘향은 입이 뻣뻣해지고 사지가 떨려서 그대로 쓰러지고 말았다. 행수 기생도 영문을 몰라 넋을 잃고 서 있다가 겨우 정신을 차리고 춘향을 안아 일으켰다.

이윽고 행수는 춘향의 머리를 빗기고, 고운 옷으로 갈아입혔다. 그리고 춘향에게 말했다.

"아씨, 일어나 위로 올라가시오."

"모질고도 모질지. 한양 양반은 다 저런가. 어제 저녁 옥에 왔을 때 내게만이라도 귀띔을 해 주었더라면 단 하룻밤만이라도 마음 고생은 안 했을 것 아닌가. 사람을 말려 죽이기로 작정을 하셨소?"

춘향이 행수 기생의 부축을 받고 올라가 어사 앞에 풀썩 주저앉으니, 어사도 눈물을 글썽이며 춘향을 끌어안는다.

"나라의 일을 맡은 중한 몸이 어찌 공사를 제쳐 놓고 개인적인 일을 먼저 할 수 있겠소? 만일 천기를 누설했다가는 일을 그르치겠기에 그렇게 했으니 용서하시오."

"서방님!"

춘향은 믿기지 않은 듯 어사의 얼굴을 쳐다보았다.

"서방님, 이게 진정 꿈은 아니겠지요?"

"이제는 걱정할 일 하나도 없소. 이별 없는 세상이 우리를 기다리고 있을 뿐이오."

감격에 넘친 춘향이 노래를 불렀다.

　얼씨구나 좋을씨고
　어사 낭군 좋을씨고
　남원 읍내 가을 되어
　떨어지게 되었더니
　객사에 봄이 들어
　이화 춘풍 날 살린다
　꿈이냐 생시냐
　꿈을 깰까 염려로다

이 때 춘향 어미 월매는 미음을 가지고 오다가 관속들이 여기저기서 축하의 말을 해 주니, 무슨 일인가 하여 문틈으로 살짝 들여다보았다. 그러다 그녀는 손뼉을 치며 뛰어나왔다.

"얼씨구나 지화자, 엊저녁의 걸인 사위 어사라니 웬 말이냐. 꿈이더냐 생시더냐, 꿈이거든 깨지 말고 생시거든 그대로 있자. 지화자 좋다. 여보 남녀 노소 부인네들아, 아들 낳기 원을 말고 딸 낳기를 힘쓰시오. 내 딸 춘향 같고 보면 아들보다 딸이 낫다는 걸 알 것이오, 지화자 좋을씨고."

어사는 남원에서의 공무를 마치고, 춘향도 몸이 회복되어 한양으로 함께 길을 떠나게 되었다. 많은 사람들이 몰려나와 춘향의 정절을 칭찬하느라 바빴다. 그러나 정 많고 한 많은 고향을 떠나는 춘향은 슬픔에 젖어 노래 한 곡을 지어 부르면서 눈물을 닦았다.

놀고 자던 부용당아
너 부디 잘 있거라
광한루 오작교며
영주각도 잘 있거라
'봄풀은 해마다 푸르러지되
왕손은 다시 못 돌아오느니라'
나를 두고 이른 말이로다
다 각기 이별할 때
만세 무량하옵소서
다시 보기 망연하다

남원을 떠난 어사는 전라 좌우도를 골고루 돌아보며 민정을 살피고 한양으로 돌아가 임금께 보고했다. 어사 이몽룡의 보고를 듣고 난 임금은 그를 크게 칭찬하였다.

　그리고 그 자리에서 이조참의 대사성의 높은 벼슬을 내리시고, 춘향은 정렬 부인에 봉하셨다.

옹고집전

작가 미상

옹고집전

옹진골 옹당촌에는 옹달 우물과 옹달 연못이 있다. 그 동네에 한 사람이 살았는데 그의 성은 옹가요, 이름은 고집이었다. 그는 성미가 매우 괴팍하여 풍년이 드는 것과 시절이 좋은 것을 아주 싫어하였다. 거기에다 심술 또한 대단하여 매사를 고집으로 우기면서 살아갔다. 그의 집 앞뜰에는 늘 곡식 자루가 높이 쌓여 있었다.

뒤뜰에는 담장이 높직한데, 울 밑에는 돌을 쌓아서 만든 석가산이 우뚝 솟아 있었다. 석가산 위에다 아담한 초당을 지어 놓았는데, 네 귀퉁이에 풍경을 달아 놓아 바람이 불어 올 때마다 쟁그렁쟁그렁 맑은 소리가 뜰 안 가득히 울려퍼졌다. 연못 속의 금붕어는 물결을 따라 이리저리 뛰놀았다.

동편 뜰 화단의 모란꽃은 봉오리가 반만 벌어져 있고, 철쭉과 진달래는 활짝 피었다가 춘삼월 모진 바람에 모두 떨어져 버렸다. 서편 뜰 화단의 앵두꽃은 담장 밑에 곱게 피었고, 영산홍과 자산홍은 바야흐로 한창이었다. 매화와 복사꽃도 철따라 만발하니 사랑치레가 찬란하였다.

옹가의 집은 네 귀퉁이에 모두 추녀를 달아 지은 팔작집 기와 지붕이었으며, 대문은 솟을대문으로 크고 웅장했다. 창살을 아주 가늘고 섬세하게 만든 들장지와 영창에는 구리로 만든 안팎 걸쇠가 위엄있게 달려 있는데, 쌍룡을 새긴 손잡이는 곱고 의연하게 반공중에 들떠 있었다. 방

안을 들여다보니 팔첩 병풍이 벽 앞닫이로 막아 서 있고, 한쪽에는 놋요강과 놋대야가 놓여 있었다.

며늘아이는 명주를 짜고, 딸아이는 수를 놓고 있었다. 곰배팔이 머슴놈은 삿자리를 엮고 있고, 앉은뱅이 머슴놈은 방아찧기에 바빴다. 올해 팔십인 늙은 모친은 오랫동안 병들어 누워 있었다. 그렇지만 불효 막심하기 짝이 없는 옹고집은 닭 한 마리, 약 한 첩 봉양하지 않았다. 아침에는 밥 한 술, 저녁에는 죽 한 끼를 드려 남들의 입에 오르내리는 것만 겨우 막고 있는 형편이었다.

불기 없는 냉방에 홀로 누운 늙은 어미는 섧게 울며 탄식하였다.

"너를 낳아 길러 낼 때는 애지중지 보살피며, 옥같이 귀히 여겨 어르면서 하는 말이 '은자동아 금자동아, 고이 기른 백옥동아. 천지 만물 일월동아, 나라 사랑 간간동아, 하늘같이 어질거라, 땅같이 너르거라! 금을 준들 너를 사며 은을 준들 너를 사랴? 이 세상 인간 중에 값을 먹일 수 없는 보물은 너 하나뿐이로다' 하며 사랑으로 키웠거늘, 하늘 아래 이러한 어미 공을 네 어찌 모르느냐? 옛날에 효자 왕상은 얼음 속의 잉어를 낚아다가 병든 모친을 봉양하였는데, 그렇게는 못할망정 불효는 면하거라!"

그러자 불효 막심한 옹고집은 이렇게 대꾸하였다.

"천하에 다시없는 진시황은 만리장성 높이 쌓아 놓고, 아방궁을 이룩하여 삼천 궁녀 두루 찾으며, 불로초 찾아 먹고 천 년 만 년 살겠다고 하더니, 결국은 이산의 한 분총 무덤 속에 죽어서 누워 있소. 그리고 백전 백승했던 천하 영웅 초패왕도 오강에서 자결하였고, 안연 같은 현학사도 불과 서른 살에 요절하였거늘, 이 세상 오래 살아 무엇하려고 그러시오? 옛 성현이 말하기를 '인간 칠십 고래희'라 하였는데, 나이 팔십이 된 우리 모친이라고 더 오래 살아 무엇하오? 사람이 오래 살면 욕심이 많아진다고 하니, 우리 모친이 그 뉘라서 단명하겠소? 도척 같은 몹쓸 놈도 먼 훗날에는 이름이 남았는데, 어찌 누가 나에게 나쁘다고 시비를 걸겠소?"

옹고집의 심보가 이렇게 못되어 먹었는데, 그 중에서도 특히 못된 것은 불교를 업신여기는 것이었다. 죄 없는 스님을 보면 결박하는 것은 기본이며, 귀 뚫기와 어깨 타고 뜸질하기가 일쑤였다. 이놈의 심보가 이러하니, 옹가 집 근처에는 동냥중이 얼씬도 못하였다. 오히려 슬슬 옹고집을 피해 다닐 정도였다.

그 무렵, 저 멀리 월출봉 취암사에 도사 한 분이 계셨다. 그의 높은 술법은 귀신도 감탄할 경지에 이르러 있었다. 하루는 도사가 학 대사를 불러 이르기를,

"내가 듣건대, 옹진골에 사는 옹 좌수라고 하는 놈이 불도를 업신여겨

중을 보면 원수를 대하듯 한다는구나. 네가 그놈을 찾아가서 단단히 혼을 내 주고 오너라."

분부를 받은 학 대사는 그길로 절을 나섰다. 그는 높은 스님만이 쓸 수 있는 대나무로 만든 헌 굴갓을 눌러쓰고, 마의 장삼을 걸쳐 입었다. 백팔 염주를 목에 걸고 육환장을 휘저으며 허위적허위적 내려오니, 월계화는 활짝 피고 산새는 슬피 울며 가던 길을 재촉하였다.

스님은 노을 지는 석양 무렵에야 옹가 집에 도착하였다. 어간대청 너른 집에 네 귀에 풍경을 달고, 안팎 중문 솟을대문이 양옆으로 활짝 열어 젖혀져 있었다. 학 대사는 목탁을 탁탁 치며 권선문을 펼쳐 놓고 예의를 갖추어 염불로 인사를 하였다.

"천수천안 관자재보살, 주상 전하 만만세, 왕비 전하 수만세, 시주 많이 하옵시면 극락 세계 가오리다. 나무아미타불 관세음보살……."

중문에 기대어 서서 이 광경을 지켜보던 할멈 종이 넌지시 다가와 말하였다.

"여보시오, 스님. 스님은 소문도 못 들었소? 우리 댁 좌수 님이 춘곤증을 못 이겨 초당에서 잠이 들었소. 만일 잠에서 깨어나면 동냥은 고사하고 귀 뚫리고 갈 것이니 어서 바삐 돌아가시오."

학 대사가 대답하였다.

"이렇게 높고 큰 집에서 중의 대접이 어찌하여 이러할까? '못된 짓을 많이 하여 죄를 쌓은 집안에 반드시 재앙이 있을 것이고, 착한 일을 많이 하여 선행을 쌓은 집안에 반드시 경사가 있을 것이다'고 하였소. 소승은 영암 월출봉 취암사에 사는 사람인데, 법당이 퇴락하여 보수를 해야겠기에 천 리 길 멀다 않고 귀댁을 찾아왔으니, 황금으로 일천 냥만 시주를 하옵소서."

학 도사가 합장 배례를 하고 다시 목탁을 두드리니, 옹 좌수가 벌떡 일어나 밀창문을 드르르 밀치면서 소리질렀다.

"어찌 그리 바깥이 시끄럽냐?"

종놈이 조심조심 나아가 여쭙기를,

"대문 밖에 웬 중이 와서 동냥을 달라 하나이다."

하고 대답하였다.

그러자 옹고집이 화를 발끈 내고 성난 눈알을 부라리며, 소리를 질러 꾸짖었다.

"괘씸하다, 이 중놈아! 시주를 하면 무슨 좋은 일이 생긴다더냐?"

학 대사는 이 말을 듣고 육환장을 눈 위로 높이 들어 합장 배례로 대답하였다.

"황금으로 일천 냥만 시주를 하옵시면, 소승이 절에 가서 수륙재(불가에서 수륙의 잡귀를 위하여 재를 올리는 법회)를 올릴 때에, 아무 면 아무 촌 아무개라 외면서 축원을 드리겠습니다. 그렇게 하면 소원이 이루어지게 되나이다."

그 말을 들은 옹 좌수가 한 걸음 앞으로 나앉으며 쏘아붙였다.

"허허, 거 참. 네놈 말이 가소롭기 그지없구나! 하늘이 만백성을 만들어 낼 때, 부귀 빈천, 자손 유무, 복과 복 없음을 분별하여 내셨거늘, 네 말대로 한다면 가난한 사람이 누가 있으며, 자식 없는 사람이 누가 있겠느냐? 네놈은 속세에서 말하는 인중 마른 중이렷다! 네놈 마음이 고약하여 부모 은혜 배반하고, 머리 깎고 중이 되어 부처님의 제자인 양 행세하며, 아미타불 거짓 공부하는 것을 내가 모를 줄 아느냐? 어른을 보면 동냥 달라 하고 아이를 보면 데려가려 하니, 불충 불효 막심하며 불측한 네 행실을 내 이미 알고 있는데, 동냥을 주어 무엇하겠는고?"

학 대사는 다시금 합장 배례를 하며 공손히 말하였다.

"청룡사에 축원을 올려 만고의 영웅 소대성을 낳아 진충 보국하였으며 천수경을 공부하여 주상 전하의 만수무강을 조석으로 발원하니, 이 어찌 충성을 다하여 나라의 은혜를 갚는 것이 아니오며, 부모에 대한 보은이 아니리까? 그런 말씀은 아예 하지 마옵소서."

그러자 옹고집이,

"네가 무엇을 배웠기에 그렇듯 자신만만한 것이냐? 그렇게 지식이 풍부하다면 나의 관상 좀 보아 다오!"

하였다.

학 대사가 그의 얼굴을 보더니 말하였다.

"좌수님의 상을 살펴보니, 눈썹이 길고 미간이 넓으시니 이름은 날리겠지만, 여러 대에 걸쳐 자손이 부족합니다. 그리고 면상이 좁으신 것을 보면 남의 말을 전혀 듣지 않으실 것이고, 손과 발이 작으니 비명횡사할 듯도 합니다. 게다가 좌수님은 말년에 몹쓸 병을 얻어 길게 고생을 하다 죽을 관상입니다."

이 말이 끝나기가 무섭게 옹고집은 불같이 노하며 길길이 날뛰었다. 그는 소리쳐 종들을 불렀다.

"여봐라! 돌쇠, 뭉치, 깡쇠야! 저 중놈을 어서 잡아 내라!"

종놈들이 한꺼번에 달려들어 학 대사의 양팔을 붙들고 굴갓을 벗겨 던진 후에, 대사의 몸을 휘휘 돌려 뜰 위로 내동댕이쳤다. 그러자 다시 옹고집이 호령을 하였다.

"이 미련한 중놈아, 들어 보거라. 진도남 같은 사람도 중이 되기 어렵다 하여 운림 처사 되었는데, 너같이 어리석은 놈이 불도를 핑계대어 남의 재산을 턱없이 내놓으라 하니, 내가 어찌 너 같은 놈을 그냥 두고 보겠느냐!"

그는 종놈을 시켜 대사를 눌러 잡은 채, 꼬챙이로 귀를 뚫고 곤장 사십 대를 호되게 쳐서 내쫓았다. 그러나 학 대사는 술법이 뛰어난지라,

끄떡없이 돌아서서 절로 돌아갔다. 그가 절문에 들어서니 스님들이 뛰어나와 옹고집에게 다녀온 일을 물었다.

학 대사는 태연자약하게 대답하였다.

"이러저러 하였노라."

스님 하나가 썩 나서며 말하였다.

"스승님의 높은 술법으로 염라대왕께 전갈하여, 강임도령 차사를 보내어 옹고집을 잡아다가, 지옥 속에 처넣고 세상에 영영 나오지 못하게 하옵소서."

학 대사가 대답하였다.

"그렇게는 할 수 없느니라."

그러자 다른 스님이 나서면서,

"그렇다면 해동청 보라매가 되어, 하늘의 구름 사이에 떠서 서산에 머물러 있다가 날쌔게 달려들어, 옹가놈 대갈통을 두 발로 덥썩 쥐고 두 눈알을 꼭지 떨어진 수박 파듯 하옵소서."

하였다.

학 대사는 움칠하며 대답하였다.

"아서라, 그것도 못하겠다!"

그러자 다른 스님이 말하기를,

"그렇다면 빽빽하게 우거진 푸른 산 호랑이가 되어, 야삼경 깊은 밤에 담장을 뛰어넘어, 옹가놈을 물어다가 사람 없는 험한 산 외진 골짜기에서 뼈까지 먹으사이다."

하였다.

학 대사는 이번에도,

"그것도 또한 못하겠다."

하였다. 다시 한 스님이 여쭈었다.

"그러하오면 신미산의 여우가 되어 분단장 곱게 하고 비단옷 맵시 있게 차려 입고, 여색 좋아하는 옹고집 품에 누워 단순호치 빵긋 벌려 아양과 교태로 옹고집을 속이시지요. '소첩은 본디 월궁의 항아이온데 옥황상제께 죄를 지어 인간 세계로 떨어졌습니다. 갈 곳을 모르고 있었는데, 산신님이 저를 불러 좌수님과 연분이 있다고 가서 모시라고 하셔서 이리로 찾아왔나이다' 하며 온갖 교태를 내보이십시오. 그러면 여색 좋아하는 그놈은 반드시 폭 빠질 것이고, 등 어루고 배 만지며 온갖 희롱 진탕 하다가 촉한 상한 덧들리게 하여 말라 죽게 하옵소서."

학 대사가 벌떡 일어서며 말하였다.

"아서라, 그것도 못하겠다."

워낙 술법이 높은 학 대사는 괴이한 꾀가 났는지, 동자에게 시켜 짚한 단을 가져오라고 한 다음 그것으로 허수아비를 만들었다. 만들어 놓고 보니 영락없는 옹고집의 모양이었다. 거기에 부적을 써 붙이니, 이놈의 화상이 말대가리 주걱턱에 어디로 보나 틀림없는 옹가였다.

허수아비가 거드럭거드럭 옹가 집을 찾아가서 사랑채 문을 드르륵 열어젖히며 분부를 하였다.

"여봐라. 늙은 종 돌쇠야, 젊은 종 몽치, 깡쇠야, 어찌 그리 게으르고 방자하냐? 어서 빨리 말 콩 주고 여물 썰어라! 춘단이도 빨리 나와 방 좀 쓸어라."

그런데 허수아비가 천연덕스럽게 앉아 있으니, 이리 보나 저리 보나 분명한 옹고집이었다.

이 때 진짜 옹가가 들어서며 하는 말이,

"어떠한 손이 왔기로 이렇듯 사랑채가 소란스럽냐?"

하였다.

가짜 옹가가 이 말 듣고 나앉으며,

"너는 도대체 어떤 놈이기에 예의도 없이 남의 집에 들어와 주인 행세를 하는 것인가?"

하였다.

그러자 진짜 옹가는 버럭 화를 내며 호령하였다.

"네놈이 나의 가산이 유족함을 듣고 재물을 빼앗고자 들어왔으니 내가 어찌 네놈을 가만 두겠는가! 여봐라 깡쇠야, 당장 이놈을 끌어내거라."

노복들은 얼이 빠져 이 사람도 보고 저 사람도 보고, 이리 보고 저리 보았으나 이 옹가와 저 옹가가 너무도 똑같아 기가 막혔다. 두 옹이 아옹다옹 맞다투니 그 옹이 그 옹이었다. 차라리 백운 심처 깊은 곳에서 처사를 찾는 게 낫지, 백주 당상 이 방 안에서 진짜 좌수님을 찾을 가망이 전혀 없어 모두 입을 다물고 말이 없었다.

그 중 한 명이 안채로 들어가서 마님께 아뢰었다.

"일이 났소, 일이 났소! 마님, 일이 났소! 우리 댁 좌수님이 둘이 되었으니 보던 중 처음 있는 일입니다. 집안에 이런 괴변이 또 어디 있겠습니까?"

마님이 이 말을 듣고 대경실색하여 말하였다.

"애고애고, 그게 무슨 말이냐? 그 동안 좌수님이 스님만 보면 당장에 묶어 놓고 형벌을 마구 가하면서 불도를 업신여기고, 또 당년 팔십의 늙은 모친을 박대하더니, 어찌 그 죄가 작다고 하겠느냐? 땅의 신령이 발동하고, 부처님이 도술을 부려 하늘이 내리신 죄, 인력으로 어찌하리?"

마님은 대성통곡을 하며 춘단 어미를 불러들여 분부하였다.

"네가 가서 진위를 가려 보거라."

춘단 어미가 분부를 받고 사랑채로 바삐 나가 문틈으로 기웃기웃 엿보았다. 그런데 '네가 옹가냐? 내가 옹가다!' 하고 서로 고집 부리며 호

령하는 말투와 몸놀림이 똑같았다. 그런데다가 이목구비도 두 좌수가 흡사하니, 춘단 어미 기가 막혀 중얼거렸다.

"옛 말에 '까마귀의 암수를 뉘라서 알리요'라고 하더니, 이렇듯 똑같으니 누가 두 좌수의 진위를 가리리요."

춘단 어미는 허겁지겁 마님께 아뢰었다.

"마님! 두 좌수님의 모습이 너무 똑같아서, 저는 도무지 알아볼 수 없사옵니다."

그러자 마님이 갑자기 좋은 생각이 난 듯 말하였다.

"우리 집 좌수님은 새로 좌수가 되었을 때, 도포를 급히 다리다가 불똥이 떨어져 안자락에 불에 탄 구멍이 나 있으니, 그것을 찾아보면 진위를 가릴 수 있을 것이다. 다시 나가 알아보고 오너라."

춘단 어미는 다시 나와 사랑 문을 열어젖히면서 말하였다.

"알아볼 일이 있사오니 도포를 보여 주십시오. 안자락에 불똥 구멍이 있나 확인해 보아야겠습니다."

진짜 옹가가 나앉으며 도포 자락을 펼쳐 보이니, 구멍이 또렷했다. 진짜 좌수님이 분명하였다. 그러자 가짜 옹가도 뒤따라 나앉으며,

"에라, 이년! 요망하고 가소롭구나! 남산 위에 봉화 올릴 때 종각 인경 땡땡 치고, 사대문을 활짝 열 때 순라군이 제격이라, 그만한 표는 나도 있다."

하였다.

가짜 옹가가 앞자락을 펼쳐 보이니 그것 또한 뚜렷하였다. 알 길이 전혀 없는지라, 답답한 춘단 어미는 안으로 뛰어 들어가면서 마님을 불러 아뢰었다.

"애고, 마님. 이게 웬 변일까요? 불구멍이 두 좌수께 다 있으니 저는 전혀 알 수 없습니다. 마님께서 몸소 나가 보십시오."

마님은 이 말을 듣고 낯빛이 흐려지며 탄식하였다.

"우리 둘이 만났을 때 '여필종부 본을 받아 서산으로 지는 해를 긴 밧줄로 잡아매고, 영원히 함께 영화를 누리면서 살아서, 이별은 말고 죽어도 한날 같이 죽자' 하고 천지에 맹세를 하고 해와 달도 보았는데, 이런 뜻밖의 변고가 생기니 꿈인가 생시인가? 이 일이 무슨 일일까? 도덕 높은 성인군자 공자도 양호(공자와 얼굴이 닮았던 인물)의 화액을 입었다가 다시 풀려 성인이 되셨으니, 자고로 성인들도 한때 곤궁에 처할 수 있지만, 이런 괴변이 또 어디 있을까? 내가 행실 가지기를 송백같이 굳었거늘, 두 낭군을 어찌 새삼 섬기리요?"

이렇듯 탄식하고 있을 때 며느리가 여쭈었다.

"집안에 난데없는 변이 생겨 체모가 아니 서니 제가 밝혀 보겠습니다."

며느리가 사랑 방문을 활짝 열고 들어가니, 가짜 옹가가 나앉으며 말하였다.

"아가 아가, 며늘아가! 거기 앉아 자세히 좀 들어 보거라. 창원 땅 마산포에서 네가 신행하여 올 때, 말 십여 필에 바리바리 온갖 기물 실어 내가 후행으로 따라왔지! 그 때 상사병 걸린 말 한 놈이 암말을 보고 길길이 날뛰다가 실은 물건을 파삭파삭 결딴내어, 놋동이는 한복판이 뚫어져서 못 쓰게 되었기에 벽장에 넣어 두었단다. 이 말이 또한 거짓말이냐? 너의 시아비는 바로 나다!"

그러자 기가 막힌 진짜 옹가도 앞으로 나앉더니,

"아이고, 저놈 좀 보게. 내가 할 말을 제가 다 하니, 애고애고, 이 일을 어찌하리. 새아기야, 내 얼굴을 자세히 보거라! 네 시아비는 내가 아니냐?"

하였다.

그 말을 들은 며느리가 공손히 여쭈었다.

"우리 아버님은 머리 위에 금이 있고, 금 가운데 흰머리가 있사오니 이

것을 보면 알 수 있습니다."

그 말이 끝나기가 무섭게 진짜 옹가가 얼른 나앉으며 머리를 풀어 보여 주었다. 그런데 머리통이 차돌같이 단단한 것이 송곳으로 찔러도 피한 방울 안 나오게 생겼다. 가짜 옹가도 나앉으며 도술을 부려, 진짜 옹가의 흰 머리카락을 뽑아 내어 자신의 머리에 붙였다. 그러니 진짜 옹가의 표적은 없어지고, 가짜 옹가의 표적은 분명해졌다.

"며늘아가야! 내 머리를 자세히 보거라."

하니, 며느리가 그것을 자세히 살펴보고,

"이 분이 틀림없는 우리 시아버님이에요."

하였다.

진짜 옹가는 그저 기가 막혀 복통할 노릇이라, 주먹으로 가슴을 탕탕 치고 머리를 흔들며,

"애고애고, 가짜 옹가를 아비로 삼고 진짜 옹가를 박대하니 기가 막히는구나. 애고, 나 죽겠네! 내 마음에 맺힌 설움을 누구에게 하소연하나."

하였다.

종놈들 거동을 보니, 남문 밖 활터에 세운 정자로 걸음을 재촉하여 서방님을 찾아갔다.

"빨리빨리 가야 해요. 서방님, 어서 가 보세요! 큰일이 났어요. 변이 났단 말이오. 우리 댁 좌수님이 두 분이 되었어요."

서방님은 이 말을 듣고 깜짝 놀랐다. 그는 화살 전통을 둘러맨 채 허겁지겁 집으로 가서 사랑으로 들어갔다.

그러자 가짜 옹가가 태연자약하게 나앉으며 탄식하였다.

"저 건넛마을 최 서방이 소작료 열 냥을 가지고 왔더냐? 네게 주라고 일렀는데, 받아 두었거든 그 돈 가운데 한 냥만 내어가지고 술 한 되만 사 오너라. 원통하고 분통이 터져 못 견디겠다. 저 작자가 우리 재산을

모두 빼앗아 가려고 그러는구나."

그러자 진짜 옹가는 더욱 기가 막혀 말하였다.

"애고애고, 저놈 좀 보게. 이번에도 내가 할 말을 제가 다 해 버리네."

아들은 어리둥절하여 그저 쳐다보기만 할 뿐이었다. 그런데 아무리 살펴보아도 이사람이 아버지 같기도 하고, 저 사람이 아버지 같기도 해서 전혀 알 길이 없었다.

그러자 가짜 옹가가 나서며 진짜 옹가의 아들을 불러 재촉하며 말하였다.

"네 어머니 좀 나오시라고 하여라. 와서 좀 판결을 해 보라고 하거라. 이렇게 집안에 변이 일어났을 때는 내외할 것이 전혀 없다고 해라!"

그러자 진짜 옹가의 아들이 안채로 들어가서,

"어머님, 사랑방에 괴변이 생겨 아버님이 둘이 되오니, 어서 나가셔서 자세히 살펴보소서."

하였다.

마님도 더 이상 가만히 있어서는 안 되겠다는 마음에, 내외고 뭐고 따질 것 없이 사랑으로 나갔다.

그러자 가짜 옹가가 진짜 옹가의 아내에게 말하였다.

"여보, 임자! 내 말 한번 자세히 들어 봐요. 우리 둘이 첫날밤 신방에 들었을 때, 내가 먼저 껴안으려 하였더니 임자가 언짢은 기색으로 돌아앉기에, 내가 다시 타이르며 좋은 말로 임자를 구슬렸지! 내가 말하기를 '이같이 좋은 밤은 백 년에 한 번 있을 뿐인데 어찌 서로 헛되게 보내려 하오?' 하였지. 그 때서야 임자가 순순히 응하여 서로 껴안았는데, 그런 일을 더듬어서 진위를 분별하시오."

진짜 옹가의 아내가 곰곰이 생각해 보니 과연 그 말이 맞았다. 그래서 가짜 옹가를 지아비라 판단하였다. 진짜 옹가는 복장이 무너져 가슴을 탕탕 쳤으나 어찌할 도리가 없었다.

옹고집의 아내는 탄식하였다.

"두 분이 너무 똑같으니, 전들 어찌 알겠소? 애통하오, 애통하오!"

부인은 안으로 들어가서 신세 타령만 하니, 그 소리가 소란하였다.

"애고애고, 내 팔자야! 여필종부 옛말 따라 한 낭군만 섬겼거늘, 이제 와서 이도 같고 저도 같은 두 낭군이 웬 변고인고? 전생에 무슨 죄를 그리 많이 지었기에 이년의 드센 팔자 이렇듯이 애통한가? 애고애고, 내 팔자야!"

바로 이 때 구불촌 김 별감이 문 앞에 찾아와서,

"옹 좌수 있는가?"

하였다. 그러자 가짜 옹가가 썩 나서며,

"이게 뉘신가? 허허, 이거 김 별감 아닌가? 달포를 못 보았는데, 그 새 댁내 무고한가? 나는 요새 집안에 변괴가 있어 편치 못하다네. 어디서 굴러먹던 인물인지 말투와 몸놀림, 형상도 나하고 똑같은 자가 들어와서, 자신이 옹 좌수라 우기며 나의 재물을 다 빼앗고자 몹쓸 계략을 부리니 이런 변이 또 어디에 있겠는가? '그의 아내는 알지 못하여도 그의 벗은 알 것이로다' 하는 옛말도 있으니, 설마 친구인 자네까지 나를 몰라보겠는가? 나와 자네는 지기 상통하는 사이이니, 우리의 뜻을 명명백백하게 분별하여 저 몹쓸 놈을 좀 쫓아내 주게."

하였다.

그러자 진짜 옹가는 덤벼들 듯이 호령을 하였다.

"애고애고, 저놈 보게! 제가 나인 척하고 천연덕스럽게 들어앉아 좋은 말을 저렇게 늘어놓고 있네! 이놈, 이 죽일 놈아! 네가 옹가냐, 내가 옹가지!"

이렇듯 두 옹가가 아옹다옹 다투자, 김 별감은 이리 보고 저리 보다가 어이없다는 듯이 말하였다.

"두 옹이 서로 옹옹 하니, 이 옹이 저 옹 같고 저 옹이 이 옹 같네. 두 옹이 너무 똑같아 분별하지 못하겠네. 사실이 이 같으니 급히 관가로 가서 송사나 하여 보세."

두 옹은 이 말을 옳다고 여겨, 서로 멱살을 잡고 관가로 달려가서 송사를 아뢰었다. 사또가 나앉으며 두 옹을 살피니, 얼굴도 똑같고 의복도 같은지라 형방에게 분부하였다.

"여봐라! 저 두 놈의 옷을 벗겨서 누가 진짜인지 가려 보거라."

그러자 형방이 나서며 두 옹의 옷을 벗겼다.

그런데 벗겨 놓고 보니 차돌 같은 머리통도 같고, 가슴·팔뚝·다리·발이 모두 똑같았다. 그런데다 불알마저 흡사하니, 그 진위를 누구라도 가릴 수 없을 정도였다.

진짜 옹가가 먼저 아뢰었다.

"소인이 조상 대대로 옹진골에서 살아 왔는데, 생면 부지의 인간이 소인과 행색을 같이 하고 태연히 들어와서는 소인의 집을 제 집이라 하고 소인의 가솔을 제 가솔이라 이르오니, 세상에 이런 변괴가 또 어디 있겠습니까? 현명하신 사또께서 저 놈을 엄히 문초하시어 사실을 가려 주옵소서."

그러자 가짜 옹가도 이렇게 아뢰었다.

"소인이 아뢰고자 하던 것을 저놈이 먼저 다 아뢰어 소인은 다시 아뢸 말씀이 없사옵니다. 그러니 명철하신 사또께서 낱낱이 살피시어 가짜와 진짜를 가려 주옵소서. 그러면 죽어도 여한이 없겠나이다."

사또가 엄히 꾸짖어 두 옹의 입을 다물게 한 후에, 육방의 아전과 내빈 행객을 불러 두 옹가를 살펴보게 하였다. 그러나 진짜 옹이 가짜 옹

같고 가짜 옹이 진짜 옹 같아 전혀 알 수 없었다.

　이윽고 형방이 아뢰었다.

"두 백성의 호적을 조사해 봐야겠습니다."

　사또는 그 말에 고개를 끄덕이며 말하였다.

"허허, 그 말이 옳도다."

　드디어 호적을 담당하는 관원을 불러 놓고, 두 옹의 호적을 신문하기 시작하였다. 그 때 진짜 옹가가 나앉으며 아뢰었다.

"소인의 아비 함자는 옹송이옵고, 할아버지 함자는 망송이옵니다."

　사또가 이 말 듣고 말하였다.

"허허, 그놈의 호적은 옹송 망송하여 도무지 알 수 없으니, 다음 백성이 아뢰거라."

　그러자 가짜 옹가가 앞으로 나앉으며 아뢰었다.

"자하골 김등네 좌정하였을 때, 소인의 아비는 좌수로 거행하며 백성을 가련하게 여겨 도와준 공으로, 온갖 부역을 삭감하였기로 관내에서 유명하옵니다. 소인은 옹돌면 제일호 유생 옹고집이고, 저의 나이는 삼십칠 세입니다. 선친께서는 옹송이온데 절충 장군이셨고, 조부께서는 상이온데 오위장을 지내셨습니다. 고조부님의 함자는 망송이고 본은 해주이옵니다. 저의 처는 진주 최씨이고, 아들놈 이름은 골이옵고, 나이는 십구 세로 무인생입니다. 하인으로는 천비 소생 돌쇠가 있나이다. 이번에는 소인의 세간을 아뢰겠습니다. 논밭 곡식 합하여 이천백 석이요, 마구간에 말이 여섯 필 있고, 암수 돼지 합하여 스물두 마리요, 암탉 수탉 합하여 육십 마리가 있습니다. 기물 등속으로는 안성 방자 유기 열 벌이 있고, 앞닫이와 반닫이, 이층장·화류 문갑·용장·봉장·가께수리, 산수 병풍·연화 병풍 모두 있고, 모란 그린 병풍 한 벌은 소인의 자식 신혼 때에 매화 그린 폭이 없어져 고치고

자 다락에 따로 얹어 두었사옵니다. 책자를 말씀드리면 《천자문》, 《당음》, 《당률》, 《사략》, 《통감》, 《소학》, 《대학》, 《논어》, 《맹자》, 《시전》, 《서전》, 《주역》, 《춘추》, 《예기》, 《주벽》, 《총목》까지 쌓아 두었나이다. 또 은가락지가 이십 걸이, 금반지는 한 죽이 있고, 비단으로 말씀드리면 청·홍·자색 합쳐서 열세 필이고, 모시가 서른 통, 명주가 마흔 통인데, 그 중 한 필은 소인의 큰 딸아이가 첫몸을 보았기에 개짐을 명주 통에 끼웠더니 피가 조금 묻었으니, 이것을 보아도 명명백백 알 것입니다. 또 진 신과 마른 신이 각각 석 죽이 있고, 쌍코 줄변자 여섯 켤레 중 한 켤레는 이 달 초사흘 밤에 쥐가 코를 갉아먹어 신지 못해 벽장 안에 넣어 두었으니, 이것도 조사하시어 하나라도 틀리오면 곤장 맞고 죽어도 할 말이 없습니다. 그러나 저놈이 소인의 세간이 이렇듯 넉넉한 것을 얻어듣고 욕심을 내어 관청을 소란케 하였사오니, 저렇듯 무도한 놈을 처치하시어 타인으로 하여금 경계하게 해 주십시오."

사또가 이 이야기를 다 듣더니,

"저 백성이 진짜 옹 좌수니라."

하고 당상으로 올려 앉히며 기생을 불러들였다.

"이 양반께 술을 권하라."

그러자 어여쁜 기생이 술을 들고 권주가를 불렀다.

"잡으시오, 잡으시오. 이 술 한 잔 잡으시오. 이 술 한 잔 잡으시면 천년 만년 사시리라. 이는 술이 아니오라 한 무제가 승로반에 이슬을 받은 것이오니 쓰나 다나 잡수시오."

흥이 난 가짜 옹 좌수가 술잔을 받아 들고 화답하여,

"하마터면 아까운 재산을 저놈한테 모두 빼앗기고, 일등 미색이 권하는 맛난 술을 못 먹을 뻔하였구나! 사또께서 흑백을 분명히 가려 주시니,

그 은혜가 백골난망이옵니다. 틈을 내시어서 한 차례 소인의 집에 나오십시오. 막걸리라도 한잔 대접하겠습니다."

하였다.

"이제 염려 말게. 내가 처치하여 주겠네."

사또는 뜰 아래 꿇어앉은 진짜 옹가를 불러 분부하였다.

"네놈은 흉측한 인간으로서, 음흉한 뜻을 품고 남의 재산을 취하고자 하였으니, 죄상을 보면 마땅히 유배를 시켜야 할 것이지만, 인생이 불쌍하여 가볍게 처벌하는 것이니라. 이놈을 빨리 끌어내라."

그리하여 곤장 삼십 대를 매우 치고, 죄목을 엄히 문초한 다음 다시 물었다.

"너 이놈, 이후에도 네가 옹가라고 하겠느냐?"

진짜 옹가가 곰곰이 생각해 보니, 다시 옹가라 우길 시에는 필시 곤장에 맞아 죽을 것 같았다. 그래서 이렇게 대답하였다.

"예, 저는 옹가가 아니오니 처분대로 따르겠나이다."

그러자 아전이 호령하기를,

"저놈의 머리채를 잡아 내쫓아라!"

하였다. 그러자 사령들이 벌 떼같이 일시에 달려들어 옹가놈의 상투를 움켜잡고 휘휘 내두르며 쫓으니, 진짜 옹가는 꼼짝 없는 걸인 신세가 되고 말았다.

진짜 옹가는 고향 산천을 뒤로 하고 동서남북으로 다니며 빌어먹게 되었는데, 하도 기가 막혀 주저앉아 대성통곡하였다.

"답답하다, 내 신세야! 이것이 꿈이냐, 생시냐? 어찌하면 좋을까? 이것이 바로 눈앞에 떨어진 액운이로구나."

일이 이렇게 되자 무지막지하던 옹고집도 어느덧 허물을 뉘우치고 애통해하며 탄식하였다.

"나는 죽어도 싼 놈이로다. 호호 백발 우리 모친 새롭게 봉양하고, 어여쁜 우리 아내 월하의 인연 맺어 해와 달로 맹세하고 천지간에 닻을 세워 백년 종사 하고 싶은데, 독수공방 적막 속에 임도 없이 홀로 누워, 전전반측 잠 못 들며 수심으로 지내는가. 슬하에 어린 자식 금지옥엽으로 사랑하여, '섫마 둥둥 내 사랑아! 후루룩후루룩, 엄마 아빠 눈에 암만' 얼렀는데 애고애고, 나 죽겠네, 이러다가 나 죽겠어! 이 일이 설마 생시는 아니겠지. 아마도 꿈이려니, 꿈이거든 어서 빨리 깨어나라!"

이 때 가짜 옹가의 거동은 이러했다. 송사에 이기고서 돌아올 때 그 의기양양해하는 거동, 그것이야말로 제법이었다. 얼씨구나 좋을시고! 손춤을 휘저으며, 노랫가락 좋을씨고! 이리 팔딱 저리 팔딱 뛰어다니면서 조롱하여 말하였다.

"허허, 별 흉악한 놈 다 보겠다! 하마터면 고운 우리 마누라를 빼앗길 뻔하였구나."

집으로 들어서며 희색이 만면하니, 온 집안 식솔들이 송사에 이겼다는 말을 듣고 반가이 그를 영접하였다. 진짜 옹가의 마누라가 뛰어나오더니 가짜 옹가의 손을 잡고 다시금 물었다.

"그래, 참말로 송사에 이겼소이까?"

"허허, 그리되었다네. 그 사이 편안하였는가? 세간은 고사하고 자칫하면 자네마저 놓칠 뻔하였다네. 원님이 밝혀서 가려 주신 덕에, 자네 얼굴을 다시 보니 이런 경사가 또 있는가? 불행 중 다행이로세!"

그럭저럭 날이 저물어, 가짜 옹가는 진짜 옹가의 아내와 더불어, 긴긴 밤을 희희낙낙하면서 원앙 금침 펼쳐 놓고 한 이불 속에 누웠다. 두 사람의 마음속 깊은 정은 새삼 말할 필요가 없었다.

이렇게 즐기다가 잠시 잠이 들어 진짜 옹가의 아내가 꿈을 꾸었는데,

하늘에서 웬 허수아비가 무수히 떨어졌다. 퍼뜩 놀라 눈을 뜨니 한순간의 짧은 꿈이었다. 가짜 옹가한테 꿈 이야기를 하니, 그가 고개를 끄덕이며,

"그 꿈이 틀림없다면 아마도 자네에게 태기가 있을 듯한데, 꿈과 같다면 허수아비를 낳을 듯싶네."

하였다.

이럭저럭 열 달이 지났다. 진짜 옹가의 아내가 고단하여 자리에 누워 몸을 푸는데, 진양성 안 논의 봇물에 개구리가 알을 까듯, 또는 돼지가 새끼를 낳듯 무수히 퍼 낳았다. 하나, 둘, 셋, 넷…… 부지기수였다. 이렇듯 해산하니 보니, 이런 해산은 처음이었다.

진짜 옹가의 마누라는 자식이 많아서 좋다고 하며, 해산의 괴로움도 다 잊고 자식들을 무럭무럭 길러 내었다.

이들이 이렇게 즐거운 나날을 보내고 있을 무렵, 진짜 옹가는 얼떨결에 재산과 처자를 모조리 빼앗기고 팔자에 없는 곤장까지 맞고 쫓겨나니, 세상에 다시 산들 무엇하리 하는 마음이 들었다.

'애고애고, 내 팔자야. 죽장과 망혜, 그리고 한 개의 표주박으로 첩첩 청산으로 들어가니 산은 높아 천봉이요, 골은 깊어 만학이라. 인적은 고요하고 수목은 빽빽한데 때는 마침 봄철이네. 숲에서 나온 산새들은 쌍으로 왔다가 쌍으로 날아다니고, 슬피 우는 저 두견새는 이 내 설움을 자아내어 꽃떨기에 알알이 눈물을 뿌려 두고, 불여귀는 또 일삼아 우니 슬프도다. 이러한 첩첩 산중에서는 아무리 철석같은 간장을 가졌어도 안 울고는 못 배길 것이로다.'

진짜 옹가는 스스로 목숨을 끊어 한 많은 세상과 하직할 것을 결심하며 슬피 울었다. 우연히 한곳을 쳐다보니 층암 절벽 벼랑 위에 백발 도사가 높이 앉아 청려장을 옆에 끼고 청솔 가지를 휘어잡고 노래를 부르

고 있었다.

"이제는 뉘우쳐도 어찌할 수 없느니라. 하늘이 주신 벌이거늘, 누구를 원망하며 누구를 탓하려는가?"

진짜 옹가는 이 말을 듣고 도사 앞으로 급히 나아가 합장 배례하며 애원하였다.

"소인의 죄 돌이켜 생각하면 천만 번 죽어도 아깝지 아니하나, 밝으신 도덕 아래 제발 한 번만 살려 주십시오. 소인의 늙으신 모친, 규중의 어린 처자, 죽기 전에 다시 한 번만 보게 해 주옵소서. 이 소원만 풀고 나면 당장 죽어도 여한이 없을 줄로 압니다. 제발 덕분으로 살려 주옵소서."

온갖 정성을 다 기울여 애걸하니, 도사가 소리 높여 꾸짖었다.

"천지간에 몹쓸 놈아! 앞으로도 팔십 되신 병든 모친을 구박하여 냉골 방에 둘 것이냐? 또 앞으로도 불도를 업신여겨 못된 짓을 계속할 것이냐? 너 같은 몹쓸놈은 응당 죽여야 마땅하지만, 너의 처지가 불쌍하여 풀어 주겠으니 돌아가 개과천선하도록 하거라."

도사는 부적 한 장을 써 주면서 이르기를,

"이 부적을 잘 간직하고 네 집으로 돌아가면 괴이한 일이 있으리라."

하고는 슬며시 사라졌다.

기쁜 마음으로 고향에 돌아온 진짜 옹가가 제 집 문 앞에 다다르니, 높고 큰 집에 청풍 명월 맑은 경치는 눈에 익은 풍취였다. 담장 안의 홍련화는 주인을 반기는 듯하였다. 영산홍아, 잘 있었느냐? 자산홍아, 무사하였느냐? 옛일을 생각하여 보니 잘못 된 것임을 깨달았고, 옛집을 다시 찾아오니 죽을 마음이 없어졌다.

"가소롭도다, 가짜 옹가야! 이제 와서도 네가 진짜 옹가라고 고집을 부릴 것이냐?"

늙은 하인이 내달으며,

"애고애고, 좌수님. 저놈이 또 왔소이다. 급살을 맞았는지 또 와서 난
부리니 이 일을 어찌하오리까?"
하고 고하였다.

이 때 방에 있던 가짜 옹가는 보이지 않고, 난데없는 짚 한 단이 놓여
있을 뿐이었다. 가짜 옹가의 수많은 자식들도 홀연히 허수아비로 변하
였다. 온 집안 사람들이 그 때서야 깨닫고는 박장대소하였다.

옹 좌수가 부인에게 말하였다.

"여보, 마누라. 그 사이 허수아비의 자식을 저렇게도 많이 낳았으니,
그놈과 더불어 얼마나 좋았을꼬? 한 상에서 밥도 같이 먹었는가?"

얼이 빠진 부인은 아무 말도 못하고서, 방 안에 즐비한 가짜 옹가의
자식들을 살펴보았다. 이놈을 보아도 허수아비요, 저놈을 보아도 허수
아비였다. 다시 보아도 허수아비의 무더기가 분명하였다. 부인은 진짜
옹가를 맞이하여 반갑기 그지없었으나, 한편으로는 지난 날을 생각하니
매우 부끄러웠다.

도승의 술법에 탄복한 옹 좌수는, 그 후부터 병든 모친을 극진히 봉
양하고 불도를 공경하며 개과천선하여 착하게 살았다. 그 후로 사람들
은 그의 어진 마음을 두고두고 칭송하였다.

작품 알아보기
(고전 문학)

〈심청전〉은 작가·연대 미상의 판소리계 소설로, 심청의 효심으로 아버지가 눈을 뜨고 심청도 복을 받아 왕후가 된다는 얘기이다.

근원 설화로는 〈효녀 지은 설화〉, 〈관음사 연기 설화〉 등이 있는데, 〈관음사 연기 설화〉와 가장 닮아 있다. 주제는 효 사상이지만 불행의 극복, 극락왕생 등의 내용도 담고 있다. 또한 조선 후기 민중들의 사회적 궁핍상을 관음보살의 구원으로 해결하려는 불교적 열망을 담아내기도 하였다.

〈춘향전〉 역시 작가와 연대 미상의 판소리계 소설로, 여성의 절개를 강조하는 내용을 담고 있다. 또한 신분 차별과 같은 봉건적인 가치관을 비판하고, 변천해 가는 시대의 갈등과 상황을 담고 있기도 하다. 남녀노소, 신분 고하를 막론하고 모든 사람이 즐겨 읽는 작품으로, 우리 국문학 사상 최고의 고전이라고 할 수 있다.

〈옹고집전〉은 판소리계 소설로, 작가와 연대는 알 수 없다. 불교적인 설화를 바탕으로 한 풍자 소설로, 권선징악을 강조하고 있다. 주인공 옹고집은 조선 후기 화폐 경제가 발달하면서 나타난, 금전적 이해 관계를 추구하는 새로운 인간형이라는 점에서 〈흥부전〉의 놀부와 유사하다.

논술 길잡이
(고전 문학)

❶ 다음은 〈옹고집〉의 한 장면이다. 진짜 옹고집과 가짜 옹고
집이 갈등하게 되는 원인을 서술해 보자.

....

....

....

....

....

논술 길잡이
(고전 문학)

❷ 〈심청전〉에서는 심청이 죽어 용궁으로 가는 것과 같은 비현
실적인 내용이 자주 나온다. 이러한 장면을 생각나는 대로
쓰라.

----

❸ 〈춘향전〉에서 춘향은 한 남자에 대한 사랑을 지키기 위해
자신의 모든 것을 희생한다. 이러한 춘향의 행동에 대한 자
신의 의견을 말해 보자.

논・술・한・국・대・표・문・학 〈전60권〉

펴 낸 이   정재상
펴 낸 곳   훈민출판사
주   소   경기도 고양시 덕양구 원당동 416번지
대 표 전 화   (031)962-3888
팩   스   (031)962-9998
출 판 등 록   제395-2003-000042호